U0454546

思考上瘾

[日] 斋藤孝◎著　孙晓杰◎译

思 考 中 毒 に な る !

中国人民大学出版社
· 北京 ·

图书在版编目（CIP）数据

思考上瘾 /（日）斋藤孝著；孙晓杰译．北京：中国人民大学出版社，2022.4

ISBN 978-7-300-30264-5

Ⅰ.①思… Ⅱ.①斋… ②孙… Ⅲ.①思维方法 Ⅳ.①B80

中国版本图书馆 CIP 数据核字（2022）第 011249 号

思考上瘾

［日］斋藤孝 著

孙晓杰 译

Sikao Shangyin

出版发行	中国人民大学出版社		
社　　址	北京中关村大街 31 号	**邮政编码**	100080
电　　话	010－62511242（总编室）		010－62511770（质管部）
	010－82501766（邮购部）		010－62514148（门市部）
	010－62515195（发行公司）		010－62515275（盗版举报）
网　　址	http://www.crup.com.cn		
经　　销	新华书店		
印　　刷	德富泰（唐山）印务有限公司		
规　　格	148 mm×210 mm　32 开本	**版　　次**	2022 年 4 月第 1 版
印　　张	5.375	**印　　次**	2022 年 4 月第 1 次印刷
字　　数	76 000	**定　　价**	59.00 元

引 言

“创新”这个词对于职场人士来说早就耳熟能详了。

如今，无论是多么受欢迎的产品和服务，都有可能会过时，因此所有的行业及企业都需要不断创新。

在这样的时代，我们重新审视备受追捧的产品和服务，就会发现人类的睿智，并对此惊叹不已。

比如，我们每天都在使用的 iPhone 等智能手机，不仅可以打电话、拍照，还有其他各种功能。每种功能都凝结了设计者的智慧和努力，我们每天享受着这些成果，过着舒适的生活。

那么，到底什么样的人会提出崭新的创意并能下功夫设计出创新型产品和服务呢?

毫无疑问，一定是“坚持思考的人”。

“提供什么样的服务，客人才会开心呢?”

“如何才能开发出划时代的产品呢?”

“怎样才能进一步提升效率呢?”

总是对这种想要进一步提升或者想要进一步突破的问题不断进行思考，就会有更好的输出。而改变社会的创新型产品及服务就会从这些输出中闪亮登场。

总能拿出某种成果的人一定是“忍不住思考的人”，即“思考上瘾的人”。

说到思考上瘾，也许大家的脑海中会有这样一种印象，即：因某种空想着魔，非常痛苦。但事实恰恰相反。

就我自身来看，“思考上瘾”的状态会给人带来无与伦比的快感。并且，思考上瘾还能使得掌控人类思考判断力的大脑前额皮质更加活跃，使人身心健康。这与毒瘾、酒瘾有本质上的不同。

人一旦思考上瘾，就会活得非常开心、洒脱。

将所有的产品、服务，甚至从文化到艺术都作为“思考的结晶”来审视，养成这种习惯，感应思考的“传感器”就会非常敏锐。

就算是吃便利店里的甜品，我们也会马上感受到甜品制作人在思考上的用心，感动和敬意也会油然而生，并且我们也会想把这种用心思考活用到自己的工作中。

用心思考做出的产品，其销售额会增长，会受到业界人士的认可，我们自己的工资也会随之增长。思考上瘾可谓好事连连。

本书阐述的是，在“思考力”备受关注的现代，将思考习惯化、不断加以创新的有效途径。

“平时基本不思考，工作都是例行公事。”

“上网浏览一下社交网站，一天的时间不知不觉就没了。”

对于上述这类人来说，最初也许会觉得思考是件麻烦事儿。

但是，如果他们掌握本书介绍的体系和诀窍，意识到思考的乐趣，就会成为能不断思考的人。

我们只要养成思考的习惯，就会觉得不进行思考就是虚度光阴，相反则会感受到生活的充实。在我看来，思考上瘾的人一定会有幸福的人生。

衷心地希望诸位都能思考上瘾！衷心地祝愿诸位都有精彩的人生！

目 录

第 1 章

为何要思考上瘾？

思考是一种创新

我担任 NHK 电视台教育频道《边玩边学日语》这档儿童节目的总策划已有 15 年之久。节目组每年都会在特定的时间召开下个年度的策划会。这个会议的绝佳之处在于，会议伊始，参会者就会踊跃发言，不断地提出创意。

大家就新栏目的创办、已有栏目的升级、演出人员等，往往能提出几十个创意，虽然最后仅有极少数的几个会被采纳。

我作为总策划，原本只是归纳总结大家的意见，但我还是会和大家一起思考，不断提出多个创意。

有人提出一个创意，其他人就针对这个创意进一步提出

“这么做如何?”的问题，不断讨论，拿出最终方案。

其实，这个会议还有“加场”。会议结束后，大家一起去吃饭时，在饭桌上，参会者还会不断提出创意。

最开始大家都是边吃饭边讨论，不知不觉就会忘记吃饭，情绪激昂地争论起来。

想必在大家的工作单位，每天也会进行这种讨论吧?

会上要求大家发表意见时，有人会阐述一般的观点。比如，在男士化妆品的开发会议上，有人说：“男士想要提升魅力的愿望原本就很强。”

这个发言貌似颇有道理，但这种人自始至终都是在阐述与己无关的抽象理论，不可能提出关键且具体的创意，换言之，就是“没思考”。

也有另一种人，获得发言机会之后才开始思考。我特别想问他：“之前你到底在做什么?”这种人在开会前和开会时都没有做准备，一直是在假装思考。

我做过很多年的老师，哪怕是在上千人的课堂上，对任何一名学生是否在动脑思考我都了如指掌。不只是从学生讲述的内容、方式，我从他们的表情也能判断他们的思考层面。

根据我的经验，“看似认真思考”的人比较危险。这种人虽然摆出一副认真的样子，但让他说说自己的想法时，他大多讲不出具体内容。真正认真思考的表情与“看似认真思考”的表情是完全不同的。大多数时候，表情上看起来认真的人，实际上根本没有在思考。

他们如果真正认真的话，应该全力拿出自己的创意和意见。换言之，拿不出创意和意见的人仅是做出“认真的样子”而已，实际上是极其不认真的。

真正动脑思考的人是能具体说出自己的创意和意见的人。

供职于策划部门的人只有提出策划方案，大家才会认为他“动脑思考”了。我们如果只是做做样子的话，根本不会有自己的想法。所以，在工作和学习中要想有所创新，最关键的是先要学会思考。

思考不包括“想事儿”

在陀思妥耶夫斯基所著的世界名著《罪与罚》中，关于“动脑思考”有这样一个令人深思的场景。

主人公拉斯柯尔尼科夫是一位贫穷的知识青年，因拖欠学费被迫辍学。他虽然头脑聪明，但不被社会接受。他虽然因周围人不认可自己而愤愤不平，却又整日窝在又破又小的房间里。

房东家年轻女佣娜斯塔西娅无法理解他的状态，两人之间有这样的对话：

> “（前略）你最近为什么不做事呢?”
>
> “我在做啊……”拉斯柯尔尼科夫支支吾吾且不耐烦地回答道。
>
> “你做什么了呢?”
>
> “工作……”
>
> “什么工作呢?”
>
> “想事儿。”拉斯柯尔尼科夫稍做停顿之后严肃地回答道。（摘自《罪与罚》）

拉斯柯尔尼科夫认为“想事儿”是工作。而在娜斯塔西娅看来，他这是无所事事。

结果，他想出杀死放高利贷的老太婆的计划。他不断陷入一种思维怪圈，认为“只要杀死那个放高利贷的老太婆就可以解救债务缠身的人”“一种小的罪过可以由百种善举来抵偿”。

其实，所谓“想事儿”，根本没有动脑思考。我曾经与

（日本）东北大学加龄医学研究所川岛隆太所长就此交谈过。

川岛所长说，人在“想事儿”时，测一下他的大脑前额叶血流速度就会发现，血流速度并不是很快。相比而言，大声朗读日语、英语时，大脑前额叶的血流量更大，人们都觉得简单的朗读反而更能激活大脑。这一点已经由脑科学研究所证实。

“想事儿”大多是“为事情而担忧”。很多人会误以为因某件事情而烦恼、忧思的状态是“动脑思考”。

“想事儿”的特征是反复进行同样的思考。没有丝毫进展，就是“来回兜圈子”。“想事儿”时，内心是迟疑不决的。

其实，我本人在读研究生时也有过这样的经历：只是整天东想西想，对论文完全没有动笔。

当时，我暗下决心要创立一个像弗洛伊德的精神分析论那样伟大的理论，每天都在冥思苦想。但其间我有段时间也沉迷于看音乐剧，就这样虚度了一年的光阴，一篇论文也没有写。

学者只有完成论文，才能把思考的结果有形化。在没有写论文的那段日子，我以为自己在动脑思考，实际上却是什么都没思考。

亦可忧思

首先需要把“想事儿”与“动脑思考”区分开。不断减少“想事儿”的时间，尽可能地增加“动脑思考”的时间，以此为目标是关键。

“忧思”在古日语中用“远眺”这个词形容。

忧思逢苦雨，人世叹徒然。

春色无暇赏，奈何花已残。

这是收录在《古今和歌集》与《百人一首》中的小野小町的佳作，诗歌的大意是“春日不绝的细雨中，樱花已凋零殆尽。我空虚度日、徒然伤感之时，容颜也已倏忽苍老……”在诗中，小野小町将“连日降雨，花色褪去”的景象与“徒然伤感，虚度时光”的自己联系了起来。

像小野小町这样惆怅于过去是人之常情，也能引发现代人的共鸣。如果没有惆怅过去这样的情感表达，《百人一首》中恐怕会少三分之一的诗歌。

当然，就算是现代人，我觉得也需要有忧思的时间。比如，初高中时期，对某个异性同学产生爱慕之情就会朝思暮想。否定了这种朝思暮想，人生就会有些枯燥无趣。

约会时及假期与家人待在一起时，我觉得最好只关注眼前人。但是，充分享受这种美好时光之后能够转换思维、持续思考的人才是社会所需的人才。

人工智能时代需要最佳思考力

当今时代以惊人的速度在不断进步。身处江户时代（1603—1868 年）的人如果看到现今我们的工作状态，应该会被我们的工作速度吓到。我们即便无法理解自己在做什么，也还在飞速工作着。对于这一点，他们应该也会受到巨大的冲击。

也许现代人理所当然地遵循历史上天才们的用脑方式。

江户时代自不必说，与经济高速增长时期（1955—1972 年）相比，如今的商务人士也需要更快的速度、更好的创意、更强的交流能力。

我的业余爱好是看体育比赛，经常会看国外足球比赛的实况转播。对比现在顶级的俱乐部与在 1968 年墨西哥城奥运会上斩获铜牌的日本队，就知道现在的运动员速度更快。十年前只有顶级运动员才能完成的技术动作，如今普通的运动员也能轻松完成。

对于任何运动项目，竞技水平都会不断提升。

美国的吉姆·海因斯在 1968 年创造出男子 100 米 9 秒 95 的新世界纪录，在世界上首次突破了 10 秒大关。

但在那之后，多位运动员刷新纪录，目前男子 100 米纪录保持者是牙买加著名的短跑健将尤赛恩·博尔特。

有趣的是，标准一旦提升，以前的最高标准就会成为现在的基本标准。

1972 年慕尼黑奥运会日本体操运动员冢原光男首次完成了“月面空翻”这个超难动作，震惊世界。当时报纸上刊载了“月面空翻”的动作分解照片，人们都觉得冢原光男简直是超人。

但是如今，很多年龄特别小的运动员也可以完成“月面空翻”。时代在不断进步。

能力日益提升的现代人每天都在辛苦地工作。虽然大家都有非凡的能力，但问题在不断增加，难度也在不断提升，如果不坚持思考的话就无法解决这些问题。

如今，社会上的产品和服务均处于饱和状态，“只要生产出来就有销路”的时代已经结束。业内竞争较之前更为激烈，信息的传播速度也比之前提升很多。因此，即使企业将令人耳目一新的产品及服务投入市场，也很快就会被对手赶上。企业不改进工作方式、不创新，就有可能被时代抛弃。

并且，最近各个领域都在加快引入人工智能（AI）的步伐。据估计，今后如果不断引入 AI，机器人就会开始替代人类的各种工作。

在杂志和网上经常能看到“因 AI 出现而将消失的职业”的专题报道。我们也经常听到有人说，随着自动驾驶汽车不断普及，出租车司机、公交车司机都会失业，AI 将会取代诸多白领。

比如，以前人们公认的专业性强、收入高的律师这一职业，也不再是“铁饭碗”了。AI 律师的业务能力可能会是人类可望而不可即的。

人工智能无法取代人承担需要思考力的工作

在美国，AI 律师已经开始承担律师助理的很多工作。在未来，仅有重视沟通交流、组织管理的工作需要人类来从事。

中小学老师暂时还是会由人类来做。因为学校的职能不仅包括教授知识，还包括培养人格，而 AI 对孩子进行人格教育还是难以想象的。

除此之外，还有护理工作，这项工作不仅需要体力，还要求具备体贴入微的交流能力，这也是 AI 难以替代的。

在职场中，事务性工作未来大多会逐步由机器人来承担，但并非连管理者也不需要了。

全面把握职场伙伴的脾气秉性，策划项目及研究战略战术是人类特有的能力。

这是因为人类的理解有复杂且深邃的一面。能够做出综合判断的只有人类：这不仅包括数字化的信息，还包括隐性知识和自身认知。也就是说，我们今后想要维持生存并拿出成果，除了提高思考力之外别无他法。

福泽谕吉在《劝学篇》开篇这样写道："上天不造人上之人。"他主张人类没有高低贵贱之分，同时也提出这样的观点：

> 世间既有复杂的工作，也有简单的工作，据说做复杂工作的人地位高，做简单工作的人地位低。（摘自《劝学篇》）

“简单工作”是任何人都可以做的可替代性工作，在现代社会是指早晚会被 AI 所取代的工作。与此相反，“复杂工作”是指只有潜心钻研的人才能做的、难度系数较高的工作。

唯有坚持思考的人才能自如地完成难度系数高的复杂工作。从事难度系数高的工作，竞争对手少，也能获得相应的高报酬。

动脑思考完成较为困难的工作，在平步青云的历史人物中首先让人想到的就是丰臣秀吉。

丰臣秀吉年轻时把织田信长的草鞋放在自己的怀中捂热之后再递过去，令人无比钦佩。也有人说这段佳话是后人杜撰的，但看看丰臣秀吉的丰功伟绩，我觉得也不乏真实性。

看看丰臣秀吉的功绩，就会知道他是一个无时无刻不在动脑思考的人。

比如，他受织田信长之命，进军备中，攻打毛利军守备的高松城。他利用水攻包围高松城，但听说织田信长在本能寺战死，迅速和毛利军讲和，率领部队仅用 10 天从关西地区急行军回到京都，这是唯有丰臣秀吉才能完成的、载入史册的行军。

让士兵只配一把短刀，轻装上阵；让运粮部队先行一步，事先做好物资补给准备；通过奖赏提升士气，等等。在丰臣秀吉这些周密的战略部署下，“大返军”得以实现，即从关西地区迅速赶回京都。

通过这样不断动脑思考，持续执行新的作战策略，丰臣秀吉终于官居关白。

如果我们问丰臣秀吉“此前的10分钟你在想什么?”，我想他绝对不会说“我在想事儿”，而是当即滔滔不绝地提出几个提案。

现在身居一线的经营者应该也会做出同样的回答。从事复杂工作的人一般会坚持动脑思考，这是古今中外公认的真理。

思考之差即工作之别

坚持思考的人会在工作中取得创造性成果。

例如，思考在开车等时候会清晰地体现出来，因为信号灯、堵车、车道数量、天气等道路状况会时刻发生变化。

在不断变化的情况下，要想始终能选出安全且顺畅的行驶路线，需要相应的思考力。特别是专职司机，这种思考力的差距会直接体现在最终的选择结果上。

我打车时遇到过这样的司机，明明三条车道中有一条车道没有车，但他偏偏选择堵车的那条车道。

这种时候，我虽然有些顾虑，但还是会尽可能语气平和地跟司机说：“请先走左边的车道，略微提速，到前面那个十字路口再回到右边的车道……”

我之所以“越俎代庖”，是因为我对这条路了如指掌：每天都走，非常清楚怎么走不会堵车。这样一来，与自己什么都不做、全权交给司机相比，会提前到达目的地。

但是，其中也有完全不需要我出声、思考力特别强的司机。他们每时每刻都会选择最佳的车道，以最佳速度行驶，并且在确保安全的同时早早地把我送到目的地，着实令我惊叹。遇到这样的司机，不仅节省时间，车费也会比平时少好几百日元。

仔细想想，我就有一点不解：优秀的老司机提早驶达目的地的话，车费就便宜；明明告诉了新手司机怎么走，但还是到得晚且车费贵。如果出租车公司这样收费——对于不熟悉路况的新手司机，车费可享受 8 折优惠；对于优秀的老司机，乘客要多付 10％的费用——我觉得选择该出租车公司的客人会增多吧。

现实情况却是，优秀的老司机没有获得相应的报酬。因此，我至少会对他们的职业素养加以称赞，诸如“您真的是在用心开车!”“您太专业了！令人钦佩!”。

最近，教育领域也开始重视这种动脑思考能力。

日本文部科学省颁布的《平成29—30年改订学习指导要领》，把新时代的孩子必备的能力主要归纳为以下三类：

· 在人生及社会中活用所学知识的能力、素养；

· 在社会与实际生活中生存、工作所需的知识和技能；

· 应对未知状况的思考力、判断力、表达力等。

我认为，“思考力、判断力、表达力”这三种能力是不可分的。此前有一段时间，我认为能把书本内容像拍照一样一字不落地背下来的孩子是“好学生”。而现在看来，善于思考，有判断力，并且能很好地表达出来，才是核心能力。

我们在工作中同样需要这样的能力，因为开发新产品或者新服务时需要拿出创意并进行选择，再落实于生产。

司机准确地变更行驶路线，把乘客尽早送到目的地，正是完美践行“思考力、判断力、表达力”的典型案例。

据我观察，在工作中能够坚持动脑思考的人占10%～

20%。我们看看这些人的工作状态，应该就能了解工作中的思考具体指什么。

尤其是动脑思考的人与没有动脑思考的人做同一工作时，两者之间的差距非常明显。思考力强的人出现失误马上就能分析原因，找到问题并快速改正。工作做得越多，反馈信息就越多，工作就越有效率。

因此，他们会比工作中完全不动脑思考的人能拿出更多的创新性成果。

坚持思考就会心情愉悦

一旦养成思考的习惯，不仅工作上会有所成就，而且不思考、发呆的时候会觉得不适，因此就会开始寻求思考点，促进自发思考。

打棒球时，“砰，砰，砰”地把快球都打回去了，突然投过来一个慢球，或者投过来一个较难接住的球，人就会焦躁不安。在养成思考的习惯之后，我们不思考一般同样会焦躁不安。

竞答节目就巧妙利用了人的思考欲望。长期受欢迎的竞答节目会有节奏感地、接连不断地抛出问题。这样一来，观众“我想回答”“我想知道答案”的欲望就会高涨，不会轻易换台。

竞答节目中的很多题目都只是考察是否知晓的知识类题目，但其中也有考察想象力和创造力的问题。

这类问题如果放在小学里，让孩子们来回答的话，他们通常会兴致勃勃，拼命思考答案，甚至会恳求道：“老师，再多出点题目吧!”

综上所述，人生来就喜欢思考，因思考而快乐，只是在成长的过程中，不知不觉忘记了思考的快乐，回避思考。

跑步也是同样的道理。很多人小时候特别喜欢在外面四处跑，但长大之后就会觉得跑步很麻烦，哪怕是运动不足也不愿意去跑。但只要练习一下，渐渐地能够跑起来，就会重新体会到跑步的乐趣。

我朋友说，如果每天不跑 10 千米，就会极其不舒服。这位朋友是在市中心上班的商界精英，据说不绕着皇居跑两圈的话，就会觉得烦躁不安，无法安心回家。

我觉得这与无法思考时的焦躁不安非常类似。

“不要那么忙碌，活得轻松点如何?”也许会有人这么想。

但我认为，生而为人，应该追求像坚持思考的笛卡儿和宫本武藏那样的人生，因为他们的人生绝对是无比充实且快乐的。

思考力不是与生俱来的，而是在工作、学习有需要时，在不断思考的过程中产生并逐渐习惯化的。

任何人都会思考上瘾

虽然在程度上有所差别，但人们应该都会有依赖的对象。

例如，有人会在报纸的休刊日感到失落，烦躁不安。这种现象被称为“活字依存症”或“报纸依存症”。

现如今，如果跟年轻人说“今天报纸休刊”，大部分人都不会在意，但听到“YouTube 服务暂停”时应该会非常失落。这就是“YouTube 依存症”。“无法忍受没有某个东西”就是“××依存症”或者“××上瘾”。

在宫泽贤治的短篇小说《学者 Aramharad 眼中的和服》(*The Robe Scholar Aramharad Saw*)中，学者 Aramharad 给他的学生们讲授水、火及小鸟的特性之后，提出了下面的问题：

> 小鸟会情不自禁地啼叫，鱼会情不自禁地游动，人

会情不自禁地做什么呢？人无论如何都会忍不住做的事情是什么呢？大家想想看。

有一个孩子回答："人一定要走路说话。"Aramharad 让其他同学也回答一下。另一个孩子回答："与走路说话相比，人更会情不自禁地去做的是好事儿。"

Aramharad 刚要赞同这个意见，看到一个名叫"Celaravird"的孩子想要回答，就让他说说自己的观点。Celaravird 是这样说的：

> 我觉得，人会情不自禁地去思考真正的好事儿是什么。

Aramharad 听到这个答案之后非常震惊，不禁闭目不语。这恐怕是因为孩子们说出了比他自己事先准备的答案更棒的回答，他为之感动。虽然是描写毫无特别之处的教室里的日常，但这个场景深深地刻在我的脑海中。

如果让我来回答，确实就像孩子们所说的那样。人是根本无法停止思考的生物。因此，稍做努力，"忍不住上网聊天""忍不住玩网络游戏"应该就会转为"忍不住思考"。

当然，玩游戏和上网聊天的某些方式有时也会促进思考，但如果到了上瘾的程度，就可能陷入思考停止的危险状态。

酒瘾、毒瘾等都是思考停止最典型的例子。

《乐园 · 味觉 · 理性》这本书中有这样一段独特的分析，以产业革命为契机，由喝红酒至酩酊大醉的状态转为喜欢喝咖啡、意识清醒的状态。

不是通过酒精和毒品，而是通过思考获得快感的才是现代人。

思考上瘾就会开心

如果让没有养成思考习惯的人在工作中“自己想一下”，他就会觉得压力大、疲惫不堪。

与之相反，养成思考习惯的人会因思考而开心，从而能够解决问题，拿出成果。

我给学生们留作业时会跟他们说：“你们未来会走两条不同的路：一条是认为思考是压力，想逃避；另一条是期待思考。大家想走哪条路呢?”

懂得思考的快乐的人一生都会对事物有新鲜感，能够挑战各种事情。

人如果觉得思考会令自己很快乐，就会进入“思考上瘾”

的状态。一思考就会开心，就会干劲十足，停不下来。

人的大脑的活动通过神经递质传递信息，并进行管理。这种神经递质之一是内啡肽。内啡肽就是“体内分泌出的类吗啡物质”，其镇痛效果是吗啡的 6.5 倍，这是公认的。

特别是内啡肽中的 β 内啡肽在人获得快感时就会分泌得更多。心情愉快时，大脑就会分泌 β 内啡肽，我们就会有干劲。

跟朋友开心地聊天时、享受美食时，大脑都会分泌 β 内啡肽。排除万难获得成功时，大脑分泌的 β 内啡肽是最多的。

比如，人们在工作中被委以重任时、时间紧张时，或者与同事的意见对立时，等等，能够解决这些困难，取得创新性成果的话，就会获得很大的成就感，也会干劲十足。

人们想要取得某种成果时，大多会进行思考。拿出成果固然要直面许多限制，遇到很多困难，但与凭借思考突破这些障碍时的成就感比起来就不算什么了。

因此，希望大家能够热衷于思考、能够思考上瘾。本书旨在让大家达到这样一种状态，即思考特别有趣，忍不住去思考。

下决心进行思考

19 世纪法国著名作家巴尔扎克的故事，如债台高筑、食欲旺盛、生活奢侈、身边美女如云等，这些都是广为人知的。

最终，巴尔扎克在离开人世的时候，还有巨额债务没还清。为了维持这种奢靡的生活，他不断创作新作品，速度之快简直令人难以置信。

俄国大文豪陀思妥耶夫斯基也是债台高筑的作家之一。他本人也跟他的作品《赌徒》中的主人公相同，喜欢赌博，多次输光巨额赌资。他预支尚未动笔的作品的稿酬，甚至会在动笔之前把稿酬都用光了。

陀思妥耶夫斯基同样是为了还债写了很多书，完成了《罪与罚》《卡拉马佐夫兄弟》等世界名著。

当然，巴尔扎克和陀思妥耶夫斯基属于极端情况，并不能因此就轻易下结论说，债务缠身就能完成生产性工作。

但在某种程度上，处于绝境会引发思考，从而完成创新性工作，这确实是事实。

我们从太宰治的文章中能够感受到“只能坚持思考、写作的人”的决心。读太宰治的随笔就会发现，书里几乎都是一味地、自虐式地讲述自己的文章，我们从字里行间就能够感受到苦楚。

> “我是个无用之人。”
>
> “我未曾写过杰作。写不出杰作，在人生的各个阶段，只能写自己的失败，因为其他没有可写之事。”

他经常会吐露这样的心声。

随笔《散华》介绍的是已奔赴战场的朋友来信。

> 你还好吗？
>
> 来自远方的问候。
>
> 我已平安到达。
>
> 请为伟大的文学献出生命。
>
> 我也会为战争献出自己的生命。

太宰治读完这封信，写下了这样一句话：

> 三田君所说的“献出生命”在我看来是无比崇高、极其可贵的，令我欣喜万分。

因感动至极，太宰治在简短的作品中三次引用了这封信。我有时会根据太宰治的这部作品出下面的竞答题目。

“太宰治收到在战场上牺牲之前的文学友人的来信。那么，‘为伟大的文学’之后的话是什么？”

很多人的答案是“为伟大的文学继续坚持写作”“为伟大的文学写出旷世杰作”等，很难有人想到“献出生命”。

在那个时代，自己的朋友在战场上牺牲是寻常之事。在那个时代背景下，人们所写的文学作品融入了很多超出现代人想象的情感。以这种认知重读《人间失格》等名作就会发现，太宰治在其所有的作品中都融入了“请为文学献出生命”的情感和思想。

在进退维谷的绝境之中坚持思考、坚持工作的人能够取得世代传承的功绩，给后人留下宝贵的财富。不得不进行思考的人生一定会化作推动人们思考的巨大力量。

第 2 章

养成持续思考的习惯

做“不动脑就无法完成”的工作

想要思考上瘾，首先“要对不需要动脑思考的工作疾首蹙额”，这一点非常重要。

比如，在公司里有人吩咐你复印资料，当然这也是有意义的工作，而且不能拒绝。能够心情愉悦地做这种单调工作的人是能力出众的，晋升的可能性非常大。但是，要我来做这种只需动手的简单工作，我马上就会心生怨气。

我会很想告诉对方：“我活着并不是为了做这种事情 。”

我读研究生时，每次被迫去复印的时候都会满腹牢骚。虽然当时是学生，复印几本书的时间还是有的，但因为复印时只需动手无须动脑，一种背叛自己的愧疚感就会涌上心头。

我就连为自己的研究工作复印资料也会觉得麻烦，何况还是帮别人复印呢。我当时真是苦不堪言，因此就找了专门复印的商家，花钱让它们来做。总而言之，我这就是“花钱买时间”。

当年，在东京大学赤门前的商家看来，我是它们的大客户，因为我会定期下单请它们帮忙复印。

那当时的复印费从哪里来呢？——都是我在补习班打工赚的钱。

也许有人会说：“你这不就是用自己打工赚的钱来支付别人的工时费吗?”想想确实是这样的，但对我来说，与复印资料相比，在补习班讲课会更有新意、更令我快乐。如果花钱能够搞定令我苦不堪言的复印工作，这正是我求之不得的好事。

仔细想想，我人生中好像一直都是这样避开单调、枯燥无意义的工作，进而转向需要思考的工作。

“尽管工钱少，但复印工作更轻松，很不错。”

“工资相同的话，一定是工作轻松更好。”

我知道有的人会有上述这种生活理念。

“复印也是重要工作，也有其意义”这种说法作为反论也颇有道理。

有的人不会对花费一天的时间去复印资料感到丝毫痛苦，有的人则会因自己浪费一天的时间去复印资料而感到懊恼。但是，我觉得这两种人的差别显而易见。

我尤其反对让头脑灵活且精力充沛的年轻人做无聊的简单工作。一定要把有创造性的、需要思考的工作交给年轻人。

简单的工作可以交给年纪稍大的人，因为他们有时难以找到自己的用武之地。

要想不断地拿出创新性成果，就需要坚持思考。为了能够持续思考，就必须保持这份感性——“从事无须动脑思考的工作会感到不舒服，无法忍耐”。

总之，希望大家都有这样的热情，即“更想做需要动脑思考的、难度系数高的工作”。

经常自问“我在思考什么”

通过自问自答“我刚才在想什么”，就能明确自己是否在认真思考。

比如，假设有位经营者在做项目策划书，他自问“我刚才在想什么”，自答“我在想策划书”。这样不走心地做出回答的人大多没在思考。

真正在思考的人应该会明确地回答出自己思考的具体内容，“我在研究成本是否合适”“我在想实际的日程安排”等。

我以前做过一段时间的网球教练，通过问学员“你在练习什么”这个问题，马上就能看出他们是否在用心思考。

“我在练正手击球”，做出这种回答的学员几乎都没怎么思考，只是在做消极练习。练习也不会有进步。

而回答“我在琢磨正手直接打回斜线球的时机，在练习提高击球落点的精准度”的学员则非常清楚自己要解决的问题。每打一个球，脑中都会思考解决问题的方法，不断寻找原因、不断调整，进步会非常快。

运动、武术、工作等都有“套路”。人们一般都会认为同样的动作反复做 100 次、1 000 次、10 000 次，甚至更多次，就可以掌握“套路”。

但是，同样是掌握“套路”，边思考边摸索的人和只是按照别人的吩咐做事、思考处于停滞状态的人，在技术方面有天壤之别。

我曾问过被称为“棒球代打之神”的原阪神老虎队棒球

选手八木裕："为什么职业棒球选手有时也会无法击中水平外曲球?"他回答说："因为他们练习时没有在思考。"这个回答给我留下了深刻的印象。

据八木裕说，多次出现相同失误的人只是随意空抡球棒，因此总是无法击中水平外曲球。

与之相反，一流的棒球选手在实战练习时会推测投手的投球方位和曲线后，再挥棒击球。

八木裕也告诉我："实际上，为了击中水平外曲球，也有相应的练习。"

目的明确的人，也就是在不断动脑思考的人，无论做什么都会取得相应成果。因此，经常自问自答"现在所做的是为了什么"尤为重要。

确定主题则易于思考

要想明确目标，就需要先确定主题。

我认识的一位小学老师在对六年级学生进行实践指导时，让他们各自确定自己的研究主题，完成"毕业论文"。

比如，"我想研究太空""我想研究环境""我想研究世界和平”之类，从设定主题开始，然后到图书馆查找需要的参考文献，把所学所想最终写成论文。

最让我震惊的是，全班每人要完成 100 页共 4 万字的论文。这太了不起了，因为就算是大学生，写 50 页也会苦不堪言。并且，这并不是特别设立的私立小学的课程，就是普通的公立小学的课程。即使是小学生，不断思考和练习也会有能力完成这么困难的事情。

小学生能够坚持思考，最终写出 100 页的论文，是因为有让他们不断思考的主题。

走向社会的成年人明确工作中应该解决的问题和目标也是非常重要的。

暂且不谈日常写策划书、负责产品开发等目标明确的人，在会计、行政等事务性工作中，也许有人会例行公事，导致主题不明确。

这类人需要自己设定主题。

“想要缩短工作时间，该怎么做才好呢?”

“如何提高所有员工的士气呢?”

诸如此类，自己定目标，挑战持续思考。

无法明确主题的时候，积极地去一些有助于确定主题的地方看看，也是一个好方法。

比如，连续三四天去听一听商业人士以创业为主题的集中讲座，对创业的关注一下子就提升了，关于创业的思考就会开启。

参加研讨会、听讲座等，都能遇到对我们确定思考主题有帮助的人，也有助于我们进行思考，因此就会轻松帮助我们养成思考的习惯。

哲学家埃德蒙德·胡塞尔指出，人类的意识与其说是意识这个抽象概念本身，不如说是在针对某个事物时一定有其特征。这就是“意识的意向性”。简言之，意识必须是“关于某物的意识”。

一个人即便整日发呆，但只要有意识，其注意力也必定会如箭头一样集中于某对象。

这样想来，只要意识的关注点能够促进思考，人就能不断地进行有意义的思考。因此，明确主题还是最重要的。

将喜欢的事物作为思考的主题

虽然最近很少见到了，但以前会时常看到有中年大叔把雨伞当作高尔夫球杆，在车站的站台上练习挥杆。

在站台上做挥杆练习是危险的，但对打高尔夫球心心念念、朝思暮想，从这个意义上来说，这些大叔可谓幸福之人。

时刻惦记着打高尔夫球："这样打行吗？""那样挥杆也许能打出好成绩。"只要这样不断思索，球技进步是毋庸置疑的。关于打高尔夫球，这些大叔能够不停地思考，无非就是因为喜欢高尔夫球这项运动。也就是说，人就是这样一种生物，对于自己喜欢的，就会朝思暮想，无须他人要求或提醒。

想要体验思考上瘾的感觉，有一种方法是，不断思考自己喜欢的东西。这样做会形成一个良性循环，即对于自己喜欢的东西，总是会"贪婪"地想要获取与之相关的知识，越是深入思考，就越是想要获取新的信息，这样就会越"陷"（陷入思考）越深。

作家村上春树原本并非想当作家，而是在研读、翻译自己特别喜欢的美国作家弗朗西斯·斯科特·基·菲茨杰拉德、雷蒙·钱德勒等人的作品过程中，不知不觉开创了自己的写作风格。

了解这些后，在村上春树的译作中能够找到他本人的写作风格与世界观，比如他所翻译的雷蒙·钱德勒的《漫长的告别》。

“为什么自己这么喜欢呢？为什么会动心呢？”对自己所喜所爱进行细致的分析可以锻炼思考力。

在分析自己所喜所爱的过程中，会诞生一些想法，比如“这种做法也许可以应用到工作中”“只要把这部分改变一下，也许在日本会大受欢迎”。如此一来，创意便油然而生。

在大学或企业里做研究的人应该都是沉迷于某个特定领域的“职业宅”——正因为有自己迷恋的课题，才会不断研究，才能取得成果。

没什么喜好的人可以暂且作为一个“临时粉丝”追随潮流，这也是一种方法。比如，橄榄球比赛热度高的话，就关注橄榄球比赛；对偶像组合 ARASHI 感兴趣的话，就做他们的粉丝。不要小看“临时粉丝”，激发自己主动、专注的态势才最为重要。

喜欢偶像组合 ARASHI 与能在工作中取得成果的思考看似毫无关联，但未必真的毫无关联。至少有很多人喜欢、迷恋 ARASHI 这个偶像组合。因此，这个组合应该有其独特的魅力。我认为其受欢迎的原因一定可以应用到其他的产品和服务中。

“MY BOOM”这个概念的最早提出者是三浦纯，他只是追求“自己喜欢的”，却最终在日本引发了“治愈系吉祥物”的热潮，成为成果非凡的策划人。

即使是个人的讲究，有一个能够激发灵感的对象也意义非凡。

做好思考记录

明确主题后，养成思考习惯不可或缺的因素还包括，清楚“自己能够持续思考多久”。

例如，据说减肥时每天测量体重比什么都重要。了解自己的体重情况就可以调整自己的减肥计划，“减少运动次数”“一概不吃零食”“暂且保持这个节奏”等。

思考也是如此。

如果没有弄清楚现状就思考的话，往往容易自我谴责：“再多思考一会儿!”“为什么自己的注意力这么不集中?”

所以，首先应该分析自己的现状。

要形成反馈或分析结果，必须充分把握现状，因为只有清楚现状，才能冷静应对。最有效的方法是把思考的内容写在记事本上。

记得我上初三时，我爸爸建议道：“希望你每天把自己的所思所想写在本子上。”

“今天做了什么”的日记，我从小学开始就一直在写。我爸爸所说的应该不是指写日记，也就是简单记录每天发生的事情，而是让我养成记录思考过程的习惯。

如果坚持把思考过程写在记事本上，那么就能清楚地知道自己每天做了多少思考。

此外，这样做也可以提醒自己，不对同一件事做无休止的重复思考。

培养思考习惯应该放在首位，所以在记录的最初阶段无须在意思考的质量，而是要关注自己做了多少思考。

如果在坚持记录思考的同时也追求高层次的思考，就需要有每天帮助我们进行测评的教练。但现实中，很多人都是独立培养思考习惯，所以最好先把“坚持”放在首位。

如果养成了思考的习惯，甚至是思考上瘾的话，思考的层次也会随之不断提升。因为在同一层面不断思考，久而久之就会腻烦，自然而然地就会追求更高层面的思考。这就好比在运动领域，相同的动作反复做几千次甚至几万次，水平自然就会提升。

在记事本上记录思考

一天之中到底有多少时间在思考，只要把思考的内容在纸上列出来，就会一目了然。能够列出的数量越多，证明思考得越多。

我很多时候也会使用智能手机的记事本功能。但对于还没有习惯于记录思考过程的人，我推荐使用纸质记事本，并且可以把其命名为“思考记录本”。

把思考的内容在思考记录本上粗略地列出来，即使中途被开会、吃饭、洽谈等打断了，看看思考记录本就可以继续思考。只要看看思考记录本，坐车时也能继续进行思考。

在思考记录本上做记录时，希望大家尽可能地以 30 分钟为单位，记录每 30 分钟的思考内容。

如果是竖排的本子，那么可以自上而下地记录，以 30 分钟或 1 个小时为单位列出一天的思考内容。可以暂且先写下 30 分钟内所想的事情。令人不可思议的是，这么做后马上就会产生这样一种想法——“必须找到下一个 30 分钟要写的内容”，因此就会按下思考的启动键。最重要的是能够保持“任何时候都有思考主题的状态”。

实际上，记录还有这样一个好处：人们一般不是在思考之后才想要做记录，而是因为有了“必须要记录”的这个要求，所以才会开始思考。

思考记录本说到底就是培养思考习惯的工具。无须干劲十足地说“必须是全新的创意”，把当前思考的内容用关键词串起来，逐条记录下来就可以。

以销售人员为例，如果记录的是“在A公司洽谈”“向B公司提交方案”，那么这只是记录自己的行为。思考记录需要这样写：“这个月的销售额想要再提升10%，需要怎么做?”“怎样才能与B公司签单呢?”诸如此类。

如果你是出版社编辑，思考记录就应该是“书名”“封面设计”“新书的策划”“××书的章节安排”之类。

在工作中进行思考，从某种意义上来说是理所当然的。因此，接下来的内容，才是我想要重点强调的。

通勤途中，人们往往都是在发呆，如果把这些时间都用来思考的话，能做多少思考呢？思考记录本此时就会显现出威力。即使是单纯为了记录这些时候做了多少思考，也不会言过其实。这是第二个要点。

因此，思考记录本上不要写自己的行动和工作内容，而要尽量记录“思考的痕迹”。

如果思考记录本上有三天的空白，可能这三天没有进行思考。然而，没有记录也不一定意味着没有思考。但没有记录的话，思考的内容转眼间就会烟消云散。

随身携带思考记录本就等同于随身携带确认思考过的工具。把思考的内容记录下来的话，头脑无疑会非常清晰。开始深入思考自己要弄清楚的问题，创意也会随之不断涌现。

手写会事半功倍

说到做记录，可以使用智能手机的记事本功能，也可以在 Google 日历等上面做记录。无论采用哪种记录方式，只要自己觉得方便就都可以。但是，建议没有习惯思考的人从手写开始。

手写的好处在于，可以手脑并用。实际上，脑科学领域的研究表明，手写可以预防老年痴呆。

由此可以推导出，手写可以加速大脑思考。

工具让我们的工作和生活变得越来越方便，但我们在欢喜之余也应该担心思考能力退化。

现在已经无须一个字一个字敲键盘输入，可以把语音直接转成文字。这既能节省时间，也非常方便。然而，一旦习惯这种便捷，就无法再像以前那样逐字逐句敲键盘输入文字了。

我绝对不是提倡回到从前，过那种不方便的生活，但手写时会提笔忘字确实是记忆退化的征兆。

我熟识的设计师中有几个人在工作中坚持用铅笔来画图。虽然人们最终也要把铅笔绘成的作品电子化，但最初的构思还是需要铅笔这种物理工具的。

这与手写更容易激发创意有异曲同工之妙。

动手的同时进行思考，手脑并用，有所启发，下一个思考就会随之而来。这个连锁反应会使思考得以持续。

记录有助于开发“潜意识”

在此还需强调的一点是，在记事本上记录思考不仅对意识有所帮助，对潜意识也有不小的影响。

我以前听朋友说，他有早上一起床就立即把晚上梦到的事情记录下来的习惯。

人的梦虽然大都荒诞离奇，但大部分人在起床不久之后就会忘却，就好像什么都没有发生一样。

做梦的频率虽然很高，但大都是这种感觉，“只记得自己做过一个有趣的梦，至于具体是什么呢，一般都想不起来”。因此，朋友在枕边放了笔和笔记本，一起床就把梦到的事情记录下来。

据说这样坚持一段时间后，不可思议的是，他逐渐开始梦见有趣的事。听闻此事，我将信将疑，决定模仿他，测试一下是否真实有效。

当时，我频繁梦到自己被坏人追赶，四处奔逃。被追赶的原因和逃往的方向都不太清楚，奔逃时仿佛一直在水中前行，身体莫名地沉重。

我虽然心里不痛快，但第二天早上起床之后马上把被坏人追赶的梦境详细地记录下来。持续记录了几天，令我非常惊讶的是，梦的具体内容发生了变化。

最初好像是一直在水中前行，不久发现有浮力，开始在水面上奔跑前行，再之后，突然意识到“有这么大的浮力，也许可以在空中飞翔”，不知不觉就开始梦到自己在天空中翱翔。最终，我开始做舒服且美妙的梦，梦见自己能自主操控，可以自由自在地在天空中翱翔。

这一定是通过记录梦见的事情，对潜意识产生了某种影响。

不论怎样，人类有种能力，即思考和行动的水准会因记录而提升。我们无法压制这种能力。

不记录思考，我们就会呆呆地虚度光阴。与之相反，仅仅是做记录，思考和行动的水准就会有所提升。

每天在记事本上记录思考，在最初的阶段也许会有压力，觉得很麻烦。

但实际看到自己的思考成果时会有成就感，积极性也会随之提升。越是思考上瘾，就越不想虚度光阴。

思考的习惯比思考的质量更重要

我为了让学生养成思考的习惯，每周给他们布置一个任务，一周之后确认、反馈，之后再继续做一周。在这两周中，很多学生都会养成思考的习惯。

例如，布置的任务如果是“就自己在报纸上剪下来的报道发表感想”，那么之前不读报的同学也会养成习惯，坚持读报并就所读报道附上自己的感想。之后就算不再剪报纸，他们对报纸的认识也会有所变化，会积极地读报并就所读内容进行思考。

一旦进入这种状态，那么他们只要有一点时间，手边有报纸的话就会拿起来读一读。坚持一段时间后，思考和表达能力都会大大提升。

换言之，最初的一两周能否坚持下来是在培养思考习惯的过程中最为关键的。

能否迈出思考上瘾的第一步，其中一个基准是能否确保每天的思考时间，快的人需要一两周，一般人则需要一个月左右。

在思考记录本上做记录暂且先坚持一周，再坚持一周，再坚持一个月，再坚持三个月，这样持续下去。

能够坚持两周的话，放松一周也没关系。放松之后，重整旗鼓，再坚持两周，这时应该会意识到自己前一周放松的时候几乎没有在做任何思考。

感受到这种“思考时”与“不思考时”之间的落差，体会到思考时的快乐是培养思考习惯的关键。

之前有过失败经历，始终没有养成思考习惯的人不要放弃，请尝试在思考记录本上记录思考，放松、坚持，再放松、再坚持……

另外，思考时无须“一定要想出正确答案”。

重要的终究还是能否下功夫进行思考。我们回忆一下高考数学考试马上就会明白，同样是“失分”，一种人是“完全不会，只是在熬时间”，另一种人是“反复演算，但没有答对”。这两种人在思考方面做的努力截然不同。

前者交白卷一定得零分，而后者只要在答题纸上写下解题思路，就有可能得一部分的分。

即使不能马上得出正确答案、不能马上拿出全新创意，把进行思考所做出的努力及思考过程记录下来也非常重要。

从全世界来看，日本人大多数时候过于重视结果。

人们常常以“完全正确”或者“完全错误”进行判断，非常不喜欢清晰地给出评判依据。如果说“答错也没关系，请说一下解题思路”，人们马上就会面露难色。

这是一个非常严重的问题，因为过于在意思考的结果就会有压力，从而导致无法进行结果不明的思考，从而陷入不爱思考的恶性循环。

因此，在最初阶段无须拘泥于结果，只要认真思考，即便最终没有思考出什么也没关系。重要的是，首先要养成思考的习惯。

养成勤思考的习惯，首先要让自己全神贯注。

营造有助于思考上瘾的环境

过于在意“要思考”“要记录”，一整天都精神紧张，就会本末倒置。一天之中，一定得有时间用来进行原创性思考，同时也需要拿出一段时间来休息放松。

我自己是在结束一天的工作后，泡澡放松时会反思自己的一天。泡澡时，副交感神经活跃，会有与白天不同的想法。我往往会在这时想出有趣的策划方案。

家里的浴缸自不必说，如果去公共洗浴中心、桑拿中心，我会更加放松。

桑拿房里毕竟温度过高，人很难进行深入思考。我们从桑拿房出来冲个澡，再进入浴池泡一下，反复几次就会神清气爽。

据说这个过程反复两三次，身体就会“调整为最佳状态”。当然，也有人蒸完桑拿会头晕、摔倒或者脑梗死，所以一定要注意补充水分。实际上，我特别喜欢蒸桑拿，以前还纠结过要不要在家里装修一个桑拿房。但经常给我看病的医生告诉我，“桑拿蒸多了对身体不好”，我才作罢。

结果是，我每天都去桑拿中心。

如今则是习惯性地每天 21 点左右稍做运动，然后泡澡、蒸桑拿。前几天，在书上看到，“从交感神经活跃转为副交感神经活跃是在每天 22 点左右”，正好是我每天泡澡的时间，因此我格外赞同这个观点。

蒸完桑拿回家，一直到凌晨 3 点都是我的娱乐时间。虽说人只要活着就不会停止思考，但娱乐时间我不做任何工作，不想任何劳神之事。

这段时间，我基本不碰电脑、笔等工作中使用的东西，而是读书、看 YouTube 视频、看影片及电视节目等，尽情娱乐。

我以前也有过一段时间总是努力工作到很晚。结果我发现，实际上，如果工作到深夜，无法做到张弛有度，白天也没法全力思考。所以，我索性就决定不再从早到晚一味地工作了。

我一般是这样做的：晚上让大脑彻底放松，一天之中张弛有度，第二天上午做原创性工作时就会干劲十足。

美国畅销书作家斯蒂芬·埃德温·金也在他自己的著作中说过，上午是自己的写作时间，下午一概不会动笔。即便是创作了那么多优秀作品的作家，也是张弛有度地进行思考。

果然，一整天都全力思考是无法做到的。张弛有度，该思考时集中精力思考，才会产生新的创意。另外，张弛有度也有助于保持思考习惯。

思考最大的阻碍是精神压力。精神压力除了紧张之外，还包括情绪低落、贪婪、嫉妒、被害妄想、自我厌恶等消极心理。内心压力过大就如同超载的车辆行驶缓慢一样，思考力也会大幅下降。

在消极情绪下思考时、处于自我否定状态时，即使不断思考，也不会有所进展。

这时最有效的方法是，用一种“仪式”暂且让思考告一段落。比如，双手在面前比画一下，假装抓住“棘手之事”，然后做一个将其扔出的动作，同时坚定地说，“这件事情已经结束”。

这种仪式有不容小觑的效果，当你情绪低落时请一定试试这个方法。

此外，大脑疲惫时，睡觉是最佳选择。睡 20 分钟就会让人感觉满血复活，暂且闭目养神 5 分钟也能让人得到休息。

我在大脑疲惫时，一般会做“躺尸”这个动作。这是 40 年前我在瑜伽中学到的体式。“躺尸”是绝佳的放松方式。

在放松的同时提高注意力的方法，我推荐数息观，即数出入之息、停止散乱心之观法。这是打坐冥想的秘法之一，是将注意力集中于“此刻此地”的最佳调节术，也是最好的“顿悟之法”。

第 3 章

提升思考的层次

判断思考是否会有结果

养成一定的思考习惯之后，再有意识地提高思考的层次。

要想提高思考的层次，则需尽可能地增加一天中用于思考的时间。

在电视采访中经常会看到这样的场景：记者问东京大学医学部的学生“一天中有多少时间在学习”。

我记得一位学生回答：“暑假里一天会学 14～15 个小时。”每天学习 14～15 个小时，意味着除去睡觉、吃饭及洗澡的时间都在学习。仅仅是每天坚持学习这么长的时间就是一种能力。

采访中也有人回答“只学 2～3 个小时”，因为他们觉得把学习时间说少一点会更有面子。

据我所知，被称为天才的人几乎无一例外都是勤奋努力之人。很多学生正因为每天坚持长时间地专注于学习，才能考上东京大学。

并且，重要的不仅仅是每天坚持长时间地学习，能坚持长时间地高效学习更为要紧。

在公共图书馆能看到即将考试的初高中生坐在书桌前拼命学习。我赞许他们的学习热情，但仔细看看会发现，有人1小时后书本也没有翻页。

也许这个学生在解答超难的数学题，思考了一个小时也没有想出答案。他本人会觉得：虽然没有翻页，但我一直在思考、想答案。

确实，数学家面对数学难题时也有可能冥思苦想几个小时。这无疑是进行思考的时间。

而一般人如果就同一个问题思考一个小时，就等于没思考。大部分人都是处于这种状态，也就是最初的几分钟在认真思考，但没有找到解题思路，渐渐地就无法集中注意力，实际上只是木然地在同一个地方来回兜圈子。

在应试方面出版过很多著作的心理医生和田秀树认为，

做数学题时如果想了 5 分钟还没得出答案，再接着想下去也是浪费时间，先看答案解析效率会更高。

和田秀树独创了“背题法”这种应试技巧，即熟记很多解题方法之后再解题。很多学生凭借这个方法考进东京大学，和田秀树也因此名声大振。

有人说“不懂的问题即使持续思考也只是浪费时间”，确实如此。想要增加思考时间，就需要我们能较快判断出哪些是“该思考的问题”、哪些是“思考也无济于事的问题”，尽量不把时间浪费在后者上。

如果自己认为想不出答案、不会有结果的话，就暂且不要去想了，转而去思考其他问题，或者从其他角度再考虑一下。这是进行高质量思考的关键。

负荷前行可促进思考

人木然发呆时，即使有所见闻也不会进行深入思考。由此看来，想要提高思考的层次，就需要负荷前行。

在我看来，全日本有很多初高中生只是呆呆地坐在教室里，对于老师课上所讲的内容充耳不闻。有的人是在激烈运动后一到教室就昏昏欲睡，也有的人则是沉浸在恋爱妄想中。大家好像都在做“白日梦”。

上课发呆走神的学生有问题，而使这些学生发呆走神的授课老师也有问题。

为了防止听众走神，我都会先抛出问题，再开始演讲。

“我讲完之后会请大家两人一组来总结今天的内容，请大家注意听讲。”

我知道这样做会增加听众的紧张感。而一旦想着要对演讲内容进行归纳总结，他们就会开动脑筋专心听讲。

在大学课堂上，我一直使用的另一种方法，与演讲中采用的方法相比，会给学生带来更大的压力。我每讲完 30 分钟就请三位同学到讲台上，三人接力来总结我所讲的内容，每人一分钟。

实际上，学生的总结如果做得好的话，课堂气氛会非常好，课堂体验也会成为学生心中的美好回忆。

没有任何问题也能坚持思考的，只能是思考上瘾的人。人是一种没有目标就不肯动脑思考的生物。因此，在大学课堂上，我坚持“魔鬼教练”的人设，提出很多问题让学生思考，同时让他们轮流在大家面前发言。在反复的“问题→思考→发言”过程中，闯过各种难关的学生的思考层次会显著提升。

这样一来，有的学生很快就会思考上瘾，看到某个东西就会积极主动地进行思考，“这个可以作为标语吧？”“这个可以用作插图吧？”诸如此类。

一年的课程结束时，有的学生会说“以后没有这么多思考和发言的机会了，有些失落”，也有学生说“最初特别讨厌这门课，多次想请假，后来渐渐爱上了它，觉得特别开心”。

走向社会后，在工作单位如果无须发言、提不出什么新创意也能开展工作的话，也许很多人都会不做任何思考、漫无目的地过日子。

对于这样的人，有意识地把他们逼入困境，多给他们创造一些思考的机会尤为重要。不断地让他们当众演示、演讲、发表意见，等他们逐渐习惯这些活动后，他们就能把自己的思考内容准确地表达出来。

心中须有“思考管理师”

有些专业人士的职业注定他们要负荷思考，例如将棋手、围棋手。

说到“当代思考大师”，绝不能不提将棋九段棋手羽生善治。羽生善治刷新了日本将棋界的多项历史纪录，是第一位实现七冠王和永世七冠的棋手。他在日本将棋头衔战中共登场 136 回，获胜次数史上最多——99 期，是家喻户晓的将棋棋圣。

围棋和将棋等领域云集了众多思考上瘾的天才，因为棋手是绝对无法依靠父母找门路、投票选举、别人推荐等入职的职业。他们所在的领域实行段位制，获胜则升级，战败则降级，他们在比赛中总是全心投入、全力较量。

即便是以前在头衔战中夺冠的名人，连续输掉比赛也只能引退。在这个残酷的领域中，连续获胜、改写日本将棋界多项历史的羽生善治可谓天才中的天才。

我记得羽生善治在他的书中写过这样一段经历：他在小学时曾经盯着摆残局的将棋书，将其中的残局逐一破解。

那不是一本简单的将棋书，而是江户时代将棋棋王的著作，解开一个残局何止要花一两个小时，有时甚至需要花好多天。据说羽生善治用了好几年，坚持不懈地把书中所记录的残局逐一破解。

当代的天才小学生破解江户时代棋王出的难题，这事我们想想就觉得非常了不起。

羽生善治说，小学时的那段经历使他在思考方面具有坚韧之心和持久力。

综上所述，破解难题的确会提高思考层次。

破解难题时最重要的是坚持不懈，切忌中途停止思考。

想要确认自己是否在持续思考，心中须有“思考管理师”，时常问问自己：“现在是在认真思考吗？”

“我觉得这一分钟的思考没有什么进展。”

这样坚持自我确认，思考应该就会持续。

“思考管理师”首先得明确需要确认的要点。以破解残局为例，“能否从想到的几种可能中做出恰当的选择”就是需要确认的要点。

只需改正一步错棋，残局就会破解。改正一步错棋的时间等同于进行思考的时间。

改正错棋的过程也可以称为“爱迪生式思考法”。爱迪生研制白炽灯泡灯丝时，为了找到最合适的材料，反复做了成百上千次试验，发现用炭化后的日本竹丝做灯丝效果最好，最终让电灯进入了寻常百姓家。

据说职业棋手并非用排除法否定其余可能性，而是基于感觉对每种可能进行缜密的分析、验证。在这个过程中，思考力就会大幅提升。

长期保持临战状态

提供思考机会、下达任务的同时也不要忘记提升人们的参与感。

开会时，主持人大致介绍完议题后，如果问“大家有什么意见吗”，并说“有疑问请一定说出来”，会场就会鸦雀无声。

我不明白为什么会鸦雀无声。开会时间及创意、提案及疑问是不言自明的。按理说，所有参会人员都会准备两三个建议。

在工作、学习中需要具备的本能反应与运动员需要具备的本能反应非常相似。在会议上不发言，就相当于打网球时不把对方打过来的球打回去。因此，我们必须做好准备随时应战。

无法保持临战状态的理由之一是责任不明确。有十名参会者的话，每个人的责任感无形中就降到了十分之一，往往只是带着十分之一的参与感参会。

这就像牛奶兑了 50 倍的水之后喝起来的感觉。没什么味道是理所当然的。因此，人们开会时应该保持一对一时的参与感，要时刻准备发言，并通过发言推进会议。

我从小学开始，听课时都会对老师的提问一一作答。老师问我："你有什么问题吗?""你是怎么想的?"我从未回答过"我不清楚""我还没想好"。

被人提问时能否有所反应、立刻作答，与这个人是否优秀没有关系。只要保持临战状态，任何人都能马上作答。

职业棒球选手、昔日超级明星巨人队的长岛茂雄曾说过，虽然自己在三垒的防守位置，但曾接过应该由二垒手来接的地滚球。

三垒手去接应该由游击手来接的地滚球尚且可以想象，但去接应该由二垒手来接的地滚球是超出想象的。而长岛茂雄一直凭借着自己要把打到内野的球全部接住这样的干劲参加比赛。

离开校园走向社会的人都应该拥有这种"贪心"。摒弃"有十个人呢，自己不思考也没关系"这种想法，以"我的意见最后一定要被采纳”的决心参会的人才能提高思考的层次。

随时随地“身临其境”

临战状态与观察力紧密相关。动脑思考的人对所有的事物都不会漫不经心地一扫而过，而是认真、仔细地观察。比如，在参加料理培训班时，动脑思考的学员会仔细观察老师的一举一动。

他们觉得，只有这样，自己才能做出同样的料理。倘若漫不经心地听讲，学费也就白交了。

可是，为什么学校里的大多数课堂上却不是这样呢？

“请大家一字不落地复述一下老师刚才所讲的内容。”

我觉得，如果这样跟大家说，大家都会认真听课。而实际上没有一位老师会这样说，所以很多学生听课时都是心不在焉的，中小学、大学的课堂都是如此。

不仅仅是在学校里的课堂上，读书也好，看电影也罢，人们几乎都是被动地阅读或者观看。听音乐时也纯是为了娱乐，很不走心。如果被问及“这首曲子的某个乐章是由几种乐器演奏的”，大多数人会不知如何回答。而专业的指挥听同一首乐曲时，会在听的同时不断思考每一处细节。

他会与自己指挥时做对比，同时关注其中的演奏技巧，能有很多新发现，并且会以这些新发现为基础，提升乐团的演奏水平。

总而言之，勤于动脑思考的人对所见所闻都会“身临其境”。“换作我自己，我会怎么做呢?”我们总是做这样的思考，就会将所见所闻应用于方案、创意中。

我们如果养成“身临其境”的习惯，那么就连看便利店里的货架、快餐店里的菜单、电视上的新闻时的感觉都会与之前大不相同，从中获得的新发现全部都可应用于工作中。

坚持预测未来走势

我们养成“身临其境”地观察事物的习惯，就会具备预测事物未来走势的思考力。

上中学时，我在社会实践中有过一次挑战“拆卸发动机”的机会。我当时是在三重县铃鹿市本田汽车的工厂里，和同班同学一起拆卸发动机。如今想来，那真是特别难得的体验。

我们这组觉得做“拆卸”工作无比开心，好像比赛一样接二连三地把零部件都拆下来。最后拆卸完毕，成就感“爆棚”之时，本田技术人员的话却大大出乎我们所料。

“好啦，大家都拆完了吗？那这次我们把拆下来的零部件重新组装起来吧。”包括我在内，所有组员都愣了好一会儿。大家之前都沉浸在拆卸的快乐之中，完全没有想到还有“组装”这项任务。

回过神来，我们凭借记忆设法组装，试了好多次却没有成功。

不经意间看了一下旁边，其他小组正在有条不紊地组装发动机。他们之前认真记录了拆卸零部件的顺序，好像倒放录像带一样，一步一步完美地按原样组装好。我至今都记得当时的懊悔情绪：“我们为什么没有仔细想想就把发动机全拆了？”

拆完后重新组装并不难，只要冷静思考就会有大致的思路。而我们当时完全没有进行思考就拆了。

这次失败的经历告诉我，“预判”是一项重要的思考。

只要“身临其境”地去观察眼前发生的事，并预判其发展，就能较好地应对。

“好像要下雨，带伞走。”

“库存快没了，要抓紧订货。”

继这些预判性思考之后，就会有“展望未来，决定作战方案”之类的原创性输出。

“选择我们之前提到的A方式会是什么情况呢?”

“避开A方式，选择B方式又会是什么情况呢?”

基于这些假设来行动的人一定在认真思考。反之，漫不经心地听一听、看一看的人，绝对没有认真思考。

观察力和思考力保持一致

只要有观察力，在任何工作中都能活用思考力。

如前文所述，坚持用心思考的司机和完全不动脑思考的司机的驾驶水平完全不在同一个层次。

餐厅里的客人举手说“请给我一份菜单”时，没有动脑思考的店员就只会拿着菜单过去，递给客人。

而用心思考的店员会在客人提出请求前，将水和菜单一起拿给客人，在恰当的时候过去提供点餐服务。

如果有可以把大脑活动可视化的装置，你会发现，用心思考的店员在以惊人的速度进行大量思考。

"那桌的客人快吃完了，必须准备饮品。"

"给这桌客人送水之前，要先给那一桌送菜单！"

"对啦，那位客人不吃芥末，慎重起见，先跟厨房说一声。"

现实中其实无须获得将大脑活动可视化的装置，只要看看优秀店员的一举一动，就能知道他们在用心思考。

据我所知，优秀店员中有的人只是兼职人员，但他们仍然会记住客人的名字。

如果被店员记住了名字，客人就会想着再去这家店。

在列车上销售商品时，有的售货员会开动脑筋，用心思考。

其中有些人很有销售天分，只在车厢内走一个来回，商品就被销售一空。听说有时在始发站准备的商品数量不够，中途停车时他们还要补货。

销售的商品相同，乘客也基本相同，为什么在销售量上有这么大的差距呢？

我乘坐新干线时，发现列车上出色的售货员在认真思考，他们会关注每一位乘客。这说明，观察力与思考力是紧密相关的。

车厢里，乘客们会有所顾忌，说话时不由得都会尽量压低声音。

曾经有个售货员在我低声说“咖啡……”的一瞬间，马上喊道“来啦”，然后立刻来到我身边。我想这位售货员的销售额一定非常高。

出色的售货员在把咖啡倒入我的杯中、收钱找零时，都会自然地关注周围，观察有谁正看向他。正在犹豫是否要点咖啡的乘客与售货员目光相遇时，就会举手说“我也来杯咖啡”。

这样一来，就会形成一种大家都想下单的氛围，坐在周围的人也都会点杯咖啡。

老师也是一样，某位老师是否在动脑思考，只要看看他/她的目光就能大致清楚。真正的好老师在课堂上会跟全班同学对视好几十次。

老师与学生对视，不仅能让学生的注意力更集中，还能看出有多少学生理解了上课内容、理解到什么程度。老师一边观察、一边随时调整讲解方式和进度，能让学生理解得更透彻。

不仔细观察周围事物的人，与那些巧妙地把“所见”与“思考”结合起来的人，在工作方式上有天壤之别。

咖啡厅是最佳思考空间

下面，我们来谈谈适合思考的环境。

我一去图书馆，思考就会突然停止。我一到图书馆就会非常困，以至于我觉得那里弥漫着某种催眠气体。

特别是东京大学的综合图书馆。上学时，我到那里刚一坐下，就觉得仿佛被睡神附体了。后来，我决定到学校对面的咖啡厅学习，没想到效率非常高。自此以后，一有机会我就去咖啡厅，在那里思考问题、写论文。

这个习惯一直保持到现在。我甚至还写了一本书——《假如有 15 分钟就请去咖啡厅》，这种口吻的书名表明了我对咖啡厅的高度认可。

现在如果去自助式咖啡厅，花 200 日元就能点一杯混合咖啡。花这点钱就可以有效利用碎片化的时间进行思考，性价比如此高的投资不多。

变换地点有助于集中注意力进行思考。我在咖啡厅里一般会待 30 分钟至 1 个小时，因此咖啡厅可谓我在有限的时间里集中精力思考的最佳空间。

而走出咖啡厅就暂且结束思考，去做其他的工作，张弛有度。因为是利用空闲时间进行思考，所以我经常会一天跑三家咖啡厅。

我一进咖啡厅，思考的启动键就会马上按下。咖啡厅最大的魅力是，有适度的噪声。

正是在这种周围有人、有声响且任何人都不关注自己的环境里，注意力才会高度集中。

具体做法是，把思考时想到的内容直接记在智能手机的记事本中，之后再整理，使其条理清晰。或者在一张 A4 纸上把自己的想法都写下来。

有某个时期，我在咖啡厅一直思考："如何更好地提问？""什么是优质的提问？"提问在交流过程中必不可少。我当时一直在想，能不能写一本关于高水平提问的书。

当时，我的脑海中忽然浮现的词是"提问力"。如今"××力"已经是耳熟能详的表达了，但在当时大家对这个表达还不太熟悉。

我直接以"提问力"为题出版了一本书，没想到成了畅销书。此后，我陆续出版了一系列以"××力"为题的著作。

综上所述，咖啡厅于我而言是进行深入思考的最佳空间。

在这里，注意力可以成倍提升。

向星巴克取经，使环境充满创意

前文提到了咖啡厅，我想讲一个有关星巴克对思考空间的“名称”非常考究的小故事。

NHK 电视台的《去面试！GO!》这档节目是面向应届毕业生，介绍受欢迎的企业“面试空间”。这个节目有一期介绍了星巴克日本总部的接待室。面试候场的房间与星巴克门店的装修相同，面试的房间也具有星巴克的特色时尚风格。

吸引我的是各个房间的名称。公司的接待室一般都是以第一接待室、第二接待室……或 A 接待室、B 接待室、C 接待室……来命名。

而星巴克在这一点上，却创意十足。相信大家看到星巴克接待室的名称都会赞不绝口，异口同声地说“不愧是星巴克”。

借此机会，也想请大家思考：假如你是星巴克的员工，你会给接待室起个什么样的名字呢？

“（1 号房间）（2 号房间）太土了。”

“怎样命名才能更好地体现出星巴克的‘特色’呢?”

“蓝色和红色并非不可或缺……”

大概在星巴克内部，也有过类似的讨论。

最终，它以“坦桑尼亚”“卢旺达”这些咖啡原产地的名称来命名接待室。

其他行业的公司如果在名为“坦桑尼亚”“卢旺达”的房间里面试求职者，会让求职者有强烈的违和感。但星巴克在以咖啡原产地命名的接待室里面试求职者，就会让求职者暗自赞叹：这是家很有创意的公司。

虽然只是接待室的名称，但以咖啡原产地的名称来命名后，就会让人眼前一亮。同时，一个充满创意的环境，能激发人们思考。比如，在名为“坦桑尼亚”的房间里开会，坦桑尼亚的咖啡种植、洽谈会等画面就会浮现在与会者的脑海中。如此一来，他们的思路就会非常明晰。

持续进行思考的秘密武器是什么?

下面从身体这个“硬件”方面，来谈谈如何提高思考的层次。

身体的疲劳需要通过睡眠等来缓解。但受过训练的大脑与身体不同，即使进行高强度的思考也不易疲劳，而且只要吃点巧克力，摄取相应的能量，就会很快恢复。

我从学生时代开始，就坚持随身携带巧克力。

问我身边的人，他们大多会说："喜欢吃巧克力，但不会随时携带。"如果问我是不是特别喜欢吃巧克力，我无法简单做出肯定的回答。

仔细回想一下，我在看电视时并不会随手拿块巧克力来吃，也并非每天都想吃巧克力。大多都是工作日程排满、集中精力进行思考的时候，我会想到吃巧克力。

综上所述，巧克力好比燃料，能给大脑补充能量。我随身携带巧克力，只是为了借助巧克力提升自己思考的效率和层次罢了。

我看日本漫画之神手冢治虫的自传式漫画时，发现书中也有描写他吃蛋糕大量摄取糖分的场景。

我现在看《三眼神童》《怪医黑杰克》等手冢治虫先生的作品，也会因作品的感染力和完成度赞叹不已。这些作品当时是在漫画周刊上连载，同时手冢治虫还发表了其他作品，对此我无比钦佩。

漫画连载需要坚持每周拿出新创意。如果在三本周刊上连载，每周就需要拿出三倍的新创意。

手冢治虫先生在短期内接连发表多部名作，正是坚持高层次思考的结果。

手冢治虫先生应该是在每天的工作中锻炼自己的思考力，使自己的大脑处于不易疲劳的状态，并且通过吃蛋糕迅速缓解大脑疲劳，完成非同寻常的工作量。这大概是因为米饭中的淀粉转化为糖分需要时间，直接吃甜食能恢复得更快。

以前没有思考习惯的人，也许稍做思考就会非常疲惫，这时如果吃一口巧克力之类的甜食，也许立马就能缓解疲劳。当然，也要注意勿过量食用，以免有损健康。

进入忘我模式

要想张弛有度地进行思考，需要将工作时间分为创造性工作时间和简单操作时间，不仅要提高简单操作的效率，还需尽可能地保持大脑清醒、不易疲劳。

比如，贴信封时要以抄经、坐禅、冥想这样的状态来做，消耗最低限度的思考能量完美地完成工作。换言之就是“进入（精神高度集中的）忘我模式”。

对我来说，做图书和杂志的校对工作时会进入“忘我模式”。出版过程中，定稿前需确认有无错字、漏字。错误如果没有校对出来，就会遗留到正式出版物上。

说来惭愧，我曾有过这样的失败，样书送过来随意翻了几页就发现有错字、漏字（再版时立即更正了）。

虽然校对了好几遍，但在放松状态下看稿，结果是不同的。换言之，因大脑所处的工作模式不同，工作效果也有很大的不同。

“没有什么错误了吧?”“专业的校对人员都帮我看过了。”如果校对时这样想，就很难发现错误。反过来，校对时暗示自己：“一定还有错误。”“没人会帮我找出错误。”这样才能保持感官灵敏，能够发现错误。

不过，一味地给大脑施压也是不正确的。在放松的状态下，让大脑处于只去“挑错”这一模式，就能发现错字、漏字。

这是与写作等创造性工作完全不同的用脑方式。这是与“积极的创造力”相反的“保守”模式，打个比方，就是低速行驶。

如此想来，坐禅看起来简单、枯燥，但能让人的头脑非常清醒。坐禅时，人通过冷静客观地审视自己来实现自我的提升。

不带任何主观感情，客观地看待事物，叫作“静观”。总而言之，就是发现心中还有另一个自己，与焦躁、烦恼的自己保持一定的距离。

冷静地审视正在简单操作的自己，这种训练在日常生活中也能进行。养成冷静、客观地观察自己的习惯，不仅有助于开心地进行简单且枯燥的操作，而且能张弛有度地进行积极或保守的思考。

第 4 章

坚持读、写、说，坚持思考

思考力体现在说话方式上

人的思考层次首先体现在这个人的“说话方式”上。在工作中，“我想到答案了，但我无法用语言表达出来”这句话是说不通的。说不出什么具体内容就等同于没有在思考。

无法把自己的想法用语言表达出来的人，在未来的社会也许寸步难行。工作中，比起会各种外语，首先要能用语言表达有意义的内容。

能用语言表达的人擅长教别人。

不要含糊其辞地说“大概就是这样，你做一下”“逐渐就习惯了，没问题的”，而要像指南一样，按顺序逐步讲解。

“程序化人”[1] 缺乏思考力。但是，没有强大的思考力，无法归纳和制定出程序。

今后，国际化进程将持续推进，国籍、出生地等背景不同的同事会大幅增多。与这些同事沟通、交流时，语言表达能力就会大显神威。

对于认真思考的人，无论问什么，他/她都能给出令人满意的答复。通过采访中运动员回答记者的提问就能发现，一流运动员都有高度的思考力。

比如，通过对西班牙皇家马略卡足球俱乐部的足球运动员久保建英的采访，可以看出他有高度的思考力，并且能用日语或西班牙语自如地回答记者的提问：

> “观看足球比赛时，我发现失分基本上都不是技术问题，而是判断失误。足球比赛中无可挑剔的传奇射门暂且不论，大部分的得分都源于对方的防守判断失误。”

一旦到了技术和体力势均力敌的专业对决，胜负则取决于思考力，这并非夸大其词。由于紧张和疲惫，一点点疏忽就会造成无可挽回的失败，因此不难想象思维水平会影响比赛时的判断。

---

① 这里指按照程序机械行事的人。——译者注

思考速度与说话速度保持一致

要求大家说说自己的感想时，支支吾吾地说“嗯……”“那个……”这类话的人很可能没有在思考。

乒乓球运动员张本智和赛后面对记者的采访对答如流，完全没有“嗯……”“那个……”这样的表达。我认为，乒乓球运动员大多都有超强的思考力，因为乒乓球这项运动要求运动员必须瞬间做出判断并迅速应对。

乒乓球常被誉为“仿佛是在以百米冲刺的速度下国际象棋的运动”。运动员根据乒乓球的行进方向、旋转角度、运行速度等，甚至可以判断出在这之后的两三个回合的球况，超快速地连续对打。

乒乓球运动员通过平时的练习和比赛，不断进行这种思考训练，因此表达能力非常强，思路清晰、简洁明了。

说话语速快的人通常思维敏捷。

大脑高速运转的人，思考速度会超越说话速度，表达个人观点时语速必然很快。

主持会议时，听到有些与会者的发言，我经常想对他们说，“您能以之前三倍的语速重新表述一下您的意见吗?”同样的内容，语速提升到之前的三倍，可以为大家节省很多时间。

在大学授课时，我都会事先跟大家说：“我不接受语速过快这个投诉。”最初学生都觉得我语速快，不久他们就能逐渐适应并且跟上我的节奏。而且，不断进行思考训练之后，每位学生的语速也明显提高了。

木然地进行思考的人无论思考多久，最终的思考结果都是有限的。要想多思考并思考上瘾，必须提高思考速度。

最理想的是，反复进行提升思考速度的训练后，再延长思考时间。从我自身的经验来看，“思考速度＝说话速度”，二者皆可通过训练提升。

其中最有效的方法是，练习在短时间内把自己的想法干脆利落地表达清楚。这样也能了解自己在一定的时间内大概能有多少有效表达。

首先用 15 秒谈谈自己的感想

建议没有养成思考习惯的人先从“15 秒评论”开始

练习。

在学校的课堂上，老师经常会给学生思考的时间，如“下面请大家思考 10 分钟”，但这种思考时间大部分被浪费了。因为会解答的学生在 1～2 分钟之内就已经想出答案了，不会解答的学生在 1～2 分钟之内也就放弃了，不再思考。不论是哪类学生，剩下的 8 分钟都只是在消磨时间。之所以出现这种情况，是因为老师的时间设定不合理。

很多人都没有长时间坚持思考的持久力。在这一点上，“思考”与“跑步”是相同的。平时坚持训练的马拉松运动员仅仅用 2 个多小时就能跑完全程 42.195 千米。同样，养成思考习惯的人连续思考 2 个小时也不会觉得痛苦。

但是，如果突然对缺乏运动的人说“你去跑 42.195 千米的马拉松全程”，他怕是无法完成任务的。最可行的做法是，先从 100 米左右的慢跑开始，之后逐步延长距离，提升速度。

思考也是如此，一开始很难进行长时间的连续思考。最初只需要“用 15 秒谈谈自己的感想”，这样逐步进入认真思考的状态。

我作为一名教育工作者，一直在研究如何延长学生的思考时间。现在一些研究发现，思考与呼吸密切相关。

简言之，吸气的瞬间思考会中断，因此持续思考则需要呼吸时尽量以呼气为主。

我本人也在做呼吸训练，一分钟只进行一次或者两次吸气，说话就能持续不间断。因为看起来有些痛苦，所以学生会说："您喘口气儿再说。"一般人说话时不吸气的话，最多能坚持15秒。

因此，请先练习用15秒钟阐述自己的思考内容。

在雅虎跟帖区学到的评论能力

我认为那些在跟帖区留下高情商评论的人都是"用心思考的人"。

因此，在网络报道的跟帖区中，可以找到很多提高思考力的参考性表达。

我在浏览雅虎新闻时也会大致看一下跟帖区，有时一天会看五六百条评论，发现很多意见一语中的，我每次都会暗自赞叹。

2019年12月的拳击重量级冠军赛中，小安迪·鲁伊兹与安东尼·约书亚两位拳击选手进行了一场激烈的格斗，双方打满 12 回合，最终约书亚获得了压倒性胜利（但比赛中约书亚只是一味地采取防守策略，比赛毫无看点）。

估计很多拳击爱好者观看这场比赛时都跟我一样郁郁不快。但在关于比赛结果的新闻报道的跟帖区中，都是对比赛情况的客观评价。

其中令我印象最深的一条是，“希望维尔德能对其加以制裁”。

关于这条评论，对拳击不了解的人，则完全不明其意。所说的维尔德的确就是重量级拳击手——世界拳击理事会当时的拳王德昂塔·维尔德。

约书亚获得了三个组织的拳王金腰带，他与拥有其他金腰带的维尔德之间的对战令粉丝们非常期待。但从鲁伊兹与约书亚的对决来看，约书亚会被维尔德轻松击败。跟帖区中，大家的愿望都是“希望维尔德能以大比分击败约书亚”。

我看到这条评论时，由衷佩服发帖人的语言表达能力——仅用一行文字就把拳击爱好者们心中的不快表现得淋漓尽致。爆笑之后，我不禁想高喊一声“奖励一个坐垫”。①

① 日本最“长寿”的综艺节目《笑点》以发放或没收坐垫来评判回答的优劣，答得好的奖励坐垫，冷场了则没收坐垫。——译者注

我在网上的跟帖区看评论时，觉得日本人的评论水平非常高。我看到出彩的评论，就会特别开心，因为评论者真的用心思考了。有如此多的普通人肯开动脑筋，写下这么出彩的评论，仅凭这一点，就证明日本并非一无是处。

浏览令人叫绝的跟帖区评论可以学习到很棒的思路。我特别推荐大家试试这个方法。闲谈之中的经典评论也同样值得我们学习借鉴。

找个创意盟友

将一个人的意见与另一个人的不同意见结合起来进行比较思考，也是很有启发性的。这就好比把两台计算机联机形成一台超级计算机。

有史以来，对话一直被公认为思考的基本方式。古希腊哲学家苏格拉底通过与其弟子柏拉图对话，提出了自己的思想主张。柏拉图的著作几乎都是对话录的形式。由此看来，哲学原本就始于对话。

“辩证法”原本也是由“对话法”发展而来的。苏格拉底是西方最早使用“辩证法”这个词的思想家，其弟子柏拉图则是辩证法的创始人，柏拉图的思辨辩证法为黑格尔辩证法所继承。辩证法看起来很高深，但简单总结一下就是“从某种主张开始（正），这种主张引起矛盾（反），调和矛盾推导出一个更高层次的结论”。

换言之，就是可以与之切磋的伙伴的想法与自己的想法高速碰撞，双方能同时提升各自的思考层次，同时也能切身产生“思考停不下来”的感觉。

我从中学时期开始，就有一位经常能一起切磋琢磨的朋友。一直以来，我都和这位朋友每天讨论 2～3 个小时。我与这位朋友考上了同一所大学，并一起读研，还住在同一条街道。我们一直坚持开展两人读书会。在读书会上，我们分别讲述自己所读的书和所看的电影，彼此提出疑问和意见，讲述人再针对这些疑问和意见阐述新的见解。

探讨的话题每天都不一样，昨天是马克思，今天是尼采，明天就是黑格尔……因为每天坚持进行这种特殊的思考训练，所以我们两个人每天都会对谈论的事物产生新的创意。之后将其归纳总结成文，就是一篇小文章，就这样逐步进行深入思考。

建议大家在工作中也找一位能一起切磋琢磨的搭档，每天在午饭时间对谈、一起探讨。

与推心置腹的朋友轻松闲聊也可以，但我更推荐大家在闲聊的朋友之外再找一个可以相互切磋的搭档。

和这位搭档每天一起切磋琢磨，新的想法与创意就会源源不断地涌出。找到一位能一起进行创造性思考的搭档是培养思考力的最佳手段。

与自己内心的思考搭档辩论

通过对谈提升思考力的另一种方法是“自我对话”。

自己先提出某种主张，与此相对，再提出另一种主张，然后进行自我辩论、深入思考。

我晚上经常梦见与别人辩论。每当我说出一种意见，就会出现一位超强的辩论对手，揪住我观点中的漏洞不放，等我早上醒来时，有时甚至会感到疲惫不堪。我给学生讲了这件事，有的学生说：“一定会特别累，因为梦中出现的辩论对手是斋藤老师本人。老师全力与自己辩论，一定会疲惫不堪的。”

这样说来确实如此。

与自己对话，指出自己观点的矛盾之处及逻辑不够严谨之处，并进行反复的自我辩论，这样，任何人提出的问题都会在意料之中。例如，在工作会议上提出自己的意见，即使上司反驳，也能以万全之策进行应对，沉着冷静地回答："关于这一点我已经研究过了，这样就能解决。"

实际上，我们在各种场合都能发现自我对话。看小说时，我们会看到男女主人公的对话。两人的对话究其根源是作者脑中虚构的声音与作者本人的对话，即内心世界的自我对话。

借鉴这种形式，我们设定"店员"与"客人"这两种角色，让他们进行对话，就能编撰出完美的投诉处理指南。

投诉处理指南若写得滑稽有趣，就会像相声台词一样。捧哏对逗哏所说的话不断吐槽，通过这种衬托、铺垫，两人一唱一和，就会让稀松平常的事情生动有趣起来。

正是有了捧哏一针见血的吐槽，才能衬托出逗哏的表演生动有趣。我所参加的综艺节目《全力！脱力时间》，每一期搞笑艺人的吐槽中都有很多深入人心的经典台词。其中，漫才[①]组合 Untouchable 的柴田英嗣每次都能马上找到吐槽点，令人惊叹不已。

---

① 相当于中国的对口相声。——译者注

一般人家都不在意的事情，柴田英嗣也会逐一吐槽，精准到位。搭档山崎弘也有时会信口说出脚本中原本没有的、异想天开的内容，柴田英嗣也能立刻一针见血地找到吐槽点。

搞笑艺人的吐槽看起来是无意识地脱口而出，实际上他们的大脑正在快速运转，瞬间要想出三个词，进而再从中选出一个最合适的。

思考和选择无论哪个环节出现差错，都不会产生笑点。由此可见，人气搞笑艺人拥有多么强大的思考力。

并非为了搞笑，吐槽自己或辩驳自己这种自我对话非常有意义。仅仅是自己指出自己的矛盾和错误，就能不断进行思考。

我还喜欢边读文学作品边吐槽，甚至想写本名为《吐槽世界文学》的书。

佐藤可士和：倾听与思考密不可分

人们都会认为“倾听”与“讲述”不同，前者是一种被动行为。但实际上，主动倾听是提高思考力的有效手段。

创意设计师佐藤可士和是我熟识的一位思考上瘾人士，

他为优衣库、7－11 便利店等知名企业设计了商标。

我和佐藤可士和合著了《佐藤可士和：我的创意新规则》这本书，因此我们曾经深入交流过。当时，佐藤可士和说，人在面对某种麻烦和困难时就会高度紧张，新创意也会油然而生，这就是工作的乐趣。据说他有段时间沉迷于玩滑板，在博报堂广告公司踩着滑板四处转悠，在努力保持平衡的过程中体验到了思绪自由驰骋的快感。

佐藤可士和说过，用心倾听客户说话最为重要，这句话至今让我记忆犹新。任何人在工作中都要听客户说话，佐藤可士和是“特别用心听”。据说他开始用心听客户说话是因为有过一次失败的经历。有一次，他大致了解客户的想法就开始着手做方案，方案做完交给客户，提交结果时才发现完全不是对方想要的，所有的工作都白做了。

据说他当时特别后悔，“为什么没有认真听取客户的要求?”自此以后，他开始先用心听取客户的想法，之后再思考如何做。

但是，也并非只要认真听取客户的想法就能交出让客户满意的作品。精髓在于以获得的信息为基础，最终将其体现在具体的作品中。

像佐藤可士和这样擅长倾听的人不仅会从对方的表述中了解到对方的需求，还会从中获得灵感，在工作中有所创新。

把对方的想法和自己的思考巧妙地融合在一起，有助于想出各种创意，进而从这些创意中最终选择一种最佳方案。

阅读理解能力欠缺是因为没有用心思考

提升思考力的方法除了能提升语言表达能力外，还可以提升阅读理解能力，因为读取并理解信息这一行为本身就是思考行为。也可以说，“阅读理解能力强＝思考能力强”。

2018 年经济合作与发展组织（OECD）举办的国际学生评估项目的调查结果显示，日本人的“阅读能力”排名下降到第 15 名，而上一次（2015 年）排名第 8。这一结果一度引发热议。

数学也好，社会学也罢，阅读是所有科目的学习基础。我们读不懂文章，就无法进行思考。

虽说如此，我们也不能一味地谴责孩子们的阅读理解能力欠缺。很多成年人的阅读理解能力也令人质疑。

比如，有的政治家在演说中能够成功赢得选民的支持，但在议会答辩中却答非所问。他的回答与提问的内容简直驴唇不对马嘴，貌似没有真正理解问题。这固然有可能是故意答非所问，避开尖锐的问题，但给我的感觉是“此人阅读理解能力很差”。

被人提问时，对于不清楚的事情坦诚地回答“我不清楚”，在某种意义上也是权宜之计。而对于提问，反复做出不着边际的回答，会让全世界的人都认为“这个人的思考力差到极点”。

在全球化时代，会英语、法语等外语固然非常重要，但更需要的是我们真正理解对方的想法，并能抓住核心要点进行回答。

对外语只要翻译一下就能明白其意思，但理解力有所欠缺的话就无法进行交流。

我有一次在北欧参加学术会议，当时在场的人接二连三地对我的发言提问。

> “您能谈谈日本能剧的呼吸法与西班牙吉卜赛歌舞的呼吸法有什么不同吗?”

西班牙人能抛给我这么具体且有趣的问题，就说明他们完全理解了我的发言，并且简明扼要地概括了自己想要了解的内容。

这时，我的回答如果不精准的话，就会给他们留下这样的印象："这个人，无论问他什么都毫无意义。""这个人没什么思考力。"反之，如果我的回答精准，就能够获得他们的认可。

顺便也说说我当时的回答："我觉得在气息的保持方式上有所不同。能剧是在上半身的靠下部位保持气息，而吉卜赛歌舞是在靠上部位保持气息。"这个回答获得了提问者的认同。

准确地理解对方的问题并做出精准的回答，通过日常的闲聊一般无法锻炼这种能力。因为只要有共鸣，就算逻辑上不严谨，也能进行日常的闲聊。但在工作和学术上需要我们做出逻辑严谨的回答。因此，提升会话理解力及阅读理解力非常重要。

思考上瘾始于阅读上瘾

关于特定的事件及状况，只要具备理解并认清其本质的能力，就能想出具体的对策。

“投诉者真正想要主张什么？”

“用户想要的到底是什么？”

具备认识这些问题本质的能力，就能完美地处理好工作。

比如“大头贴”这种商品，表面上只是“照片＋贴纸”，但究其根本是“想要用贴纸把与朋友在一起的瞬间定格下来，也想跟朋友交换这种美好的瞬间”。大头贴正是因为把这种内涵有形化了，才能唤起很多初高中生的共鸣。

实际上，在做这种认识本质训练时，读文学作品是非常有效的手段。优秀的文学作品中蕴含着感情的真谛。读懂这种感情的真谛是阅读真正的乐趣所在。

举一个例子。太宰治的短篇小说《眉山》的主人公原型应该是太宰治本人，舞台是主人公和他的小说家朋友们经常去的一家小酒馆，小酒馆中有位名叫“阿敏”的女服务员总是想要加入他们的谈话，这位女服务员有个外号“眉山”。

一起喝酒的几个人背地里经常说她的坏话，但又总是经常来这家酒馆。最初通过主人公介绍来这家酒馆的人在不久之后也开始经常一个人光顾这家酒馆。

主人公有一次因饮酒过量，伤到了身体，约有十天无法下床活动。当他再去这家酒馆时，得知阿敏因为肾结核回老家了，好像剩下的日子不多了。

几位酒友此时都在回想关于阿敏的点点滴滴。

“如今像阿敏那样脾气好的女孩子真是不多啊。一直以来，她都是随叫随到。我们睡在二楼，凌晨两三点醒来，只要下楼招呼一声‘阿敏，拿酒’，她马上就会答应，立即起床端着酒给我们送到二楼。明明那么冷，却不见她有丝毫不耐烦，这样的女孩子真的太少了。”

他们几个人自那天之后再也没有去那家酒馆。

虽然大家会跟阿敏斗嘴，笑话她，但大家都很喜欢她。

表面来看，“他们几个明明之前那么看不起阿敏，但她突然离开了，大家竟然又都觉得伤感”。而作者真正想表达的是，几个人是因为都想见到阿敏，才去那家小酒馆的。综上所述，阅读细致描写人的内心情感的文学作品，认识事物的深度和角度也会发生变化。

读书并对书的内容展开各种想象，会让人特别开心、激动不已。这种阅读可以直接提升思考力。因此，可以说“思考上瘾始于阅读上瘾”，也可以说“只要阅读上瘾，思考就停不下来”。

有在边读书边思考吗？

例如，与不做任何事情、只是发呆不同，阅读夏目漱石的作品时是处于思考中的。因为仅仅是阅读文章并理解其内容，思考就会持续。

但是，这时只是最低限度地发挥思考力。假如当你读完夏目漱石的《哥儿》，有人问你："读完这本书，你有什么感想？"如果你的回答是"写的是一位鲁莽老师的故事""总之很有节奏感，非常有趣，让人忍不住往下读"，则显然很难令人满意。

"这部作品最引人入胜的是对照性的人物设定。"

"这部作品的开头部分颇有日本武士胜小吉的自传《梦醉独言》的感觉。"

这样的回答说明阅读的时候动脑思考了。我认为，读书时不仅要思考，还要下功夫思考。

"这个要素这样写会怎样呢？"

"我觉得这个问题的本质就在于这一点吧。"

"加入这个内容会很有意思吧。"

诸如此类正是思考的妙趣。

比如19世纪作家赫尔曼·梅尔维尔的长篇小说《白鲸》，故事从年轻的主人公的视角和第一人称开始，后来又转换为第三人称。

这种人称转换并非在小说中直接言明，所以有的读者发现了，而有的读者阅读时完全没有意识到这一点。能够意识到人称的转换，并且有“我觉得这种写法是为了达到这样的效果”一类想法的读者是真正下功夫思考了的。

提到小说的人称，译者如果想以英文的人称习惯翻译川端康成的《雪国》，在开头的第一句就会卡住。

“穿过县界长长的隧道，便是雪国。”

这句话的主语是“我”还是“男主人公岛村”？抑或是“火车”？无法确定是三者中的哪一个。我们（日本人）读到“穿过县界长长的隧道，便是雪国”这句话的原日文表达时对内容完全能理解，但细想一下就会发现整部小说的主语都很模糊。

实际上，翻译这部作品的日本研究专家爱德华·赛登施蒂克也说过，在翻译中确定主语花费了很多时间。我也曾翻译过英文书籍，感觉翻译英文书时的思考力比写日文书时的思考力要高出好几倍，切身体验到了诸位翻译工作者的辛苦——他们需要一直坚持思考。

大家做过翻译就会明白，日本人没有明确区分主体和客体，从而觉得日本人也许是活在不分主体、客体的模糊世界。

虽说如此，并非要求大家都去做翻译。即使不做翻译，只要下功夫思考，阅读水平和思考力也会有所提升。

思考源源不断的法宝——三色圆珠笔

我在读书时，为了能深入思考，一直坚持“使用三色圆珠笔”。这三种颜色分别强调不同的内容。

- 红色＝非常重要
- 蓝色＝一般重要
- 绿色＝感兴趣或有趣

客观上觉得非常重要的内容可以用红色笔画出，红色是重要信息的代表色。阅读时，如果认为“这体现了作者的观点”，就用红色笔标记出来。最理想的标注，是日后只要重新读一下红色笔画出的部分就能理解作者的主张。红色笔不要乱用，一定要用来标注最重要的内容。

然后是蓝色笔，用蓝色笔画出梗概。与红色笔不同，蓝色笔多用一些也没关系。

最后是绿色笔。自己主观上觉得有趣的内容都可以用绿色笔标记。哪怕自始至终都只有自己觉得这部分“有趣”也没关系。

按照自己的感觉，在意的内容都可以用绿色笔画出。红蓝两色可以重合，与主题无关，但自己觉得独特的部分或者只有自己喜欢的内容要用绿色笔标出来。甚至有时其他人都会问：“这篇文章哪部分最吸引你呢?”

一开始就想准确地区分使用三种颜色的笔，也许反而导致无法集中精力理解书中的内容。建议大家不要过于在意，按照自己的感觉用不同颜色的笔来标记就可以了。

可以暂且先按照“用红色和蓝色标出客观内容，用绿色标出主观内容”这个标准来边读边做记号。如果觉得这样也很困难，可以多用自由度高的绿色笔。哪怕只是用绿色笔来画线，我们也能体会到阅读的乐趣。

用绿色笔画线，就能意识到自己的思维水平。

换言之，这样阅读日后需要输出时会更容易，比如可以轻松地写文章、给别人讲述等。

当然，开会以及自己独自思考时也可以活用三色圆珠笔。做笔记时，根据内容的重要性，可以用不同颜色的笔来记录。客观事实用红色笔和蓝色笔来标注，自己的主观感想用绿色笔来标注。这样记录的话，被人问及意见、感想时也能马上作答。

我现在已经到了没有三色圆珠笔就无法思考的程度，看到某人阅读时不用三色圆珠笔写写画画就会觉得不可思议。

使用三色圆珠笔进行标记，思考就会停不下来。掌握了使用的诀窍后，无论思考什么都会笔不离手。

思考的最高境界是动笔

与“说”“读”相比，层次更高的思考是“写”。

说话时，有的人谈吐风趣幽默，十分受人关注。把他们风趣幽默的表达转为文字的话，有时候会发现完全不知道他们要表达什么，表述的信息有时也会前后矛盾。

“谈吐风趣幽默”是由说话人天生的幽默感、说话的节奏感以及语气等综合作用的结果。总而言之，不是他们所说的内容有趣，而是他们说话时的谈吐风趣幽默。

当然，谈吐风趣幽默、有人格魅力也是非常宝贵的能力。在日常会话中，即使表述中前后略微矛盾也没关系，听者会自己补上相关信息。

但是，仅仅是因为谈吐风趣幽默就下结论说“这个人脑子转得快”还是有些欠妥。能够进行语速得当的表述很重要，而有能力把富有内涵的信息以文字的形式展现出来同样非常重要。

能把所想所思写成文章是思考的最佳证明。最理想的当然是“说”与“写”齐头并进、双管齐下。实际上，与“说”相比，“写”对思考力的要求更高。

前文已经说过，OECD 举办的国际学生评估项目的数据显示，日本人的“阅读能力”排名下降到了第 15 名。

该项目发布的报告指出，日本的孩子答主观论述题的能力较差。我认为，这并不是因为孩子们的基本学习能力差，而是因为写作练习少，大概是他们觉得把自己的思考写成文章太麻烦，或者只是思考得太少。

培养语感、提升阅读能力最有效的方法就是读书。但最理想的还是读过之后还把自己的感想写下来，这样可以深入思考。

实际上，东京大学社会学专业的入学考试有很多主观论述题。仅仅是看到卷面上的一大片空白，有的学生就会害怕，觉得自己答不出来。

而法学部的入学考试直接给每位考生一沓崭新的稿纸，要求考生写小论文。法学部老师认为，在法学部学习仅仅有阅读理解能力是完全不够的，因此还需要考查考生是否有把所思所想写成文章的能力。

巧妙运用 SNS 进行思考

与单纯的阅读相比，坚持写作确实有助于进行深入思考。

我养成写作习惯是受一位老师的影响。读小学一年级的时候，学校要求每天用绘画的形式记手账①。

我每天把自己的手账交给老师，老师每次都会给我写评语。“非常棒！”“写得不错！”这些评语给了我很大的鼓励。

我那时刚刚记熟平假名，只是把自己会的字词都写上了。就这样，我坚持记了一年手账，写满了好几本日记本。当年

① 手账源于日本，是集日程安排、生活感悟、读书心得、消费收支甚至百科大全为一体的超级手册，相当于记事本。——译者注

对于写日记、写作文没有任何烦恼，因此我至今都非常感激当年的老师。

坚持记手账让我逐渐养成了写作的习惯，写读后感也不费劲。读完从学校图书室借来的书，我会就其中的部分内容写下自己的感想。我记得当时教室里有写读后感的专用纸，规格是 300 字，还留有空白处可以绘画。

与纯阅读相比，写读后感则是费时费力。阅读时，只要顺着作者的思路，被动地理解其内容就可以。而写读后感必须要自己动脑思考。动笔与动脑密切相关。将“阅读”和“写作”分开进行就会发现“写作”更累，这就充分说明写作的时候更需要动脑思考。

> “让孩子们写读后感，孩子们就会讨厌读书，所以不建议让孩子们写读后感。对于孩子们的阅读，只要他们觉得有趣就可以。”

我常常听到上面这种观点。对于这种观点，我表示不赞同。写读后感的思考力都不培养，教育又将培养什么能力呢？

不仅是孩子，大人也是如此。读书时不要止于“有趣”，最好在 SNS（社交网络服务）上写写书评，或者给家人、朋友说说自己阅读后的感想，提升自己的思考力。

还可以每周看两部电影，并在 SNS 上发表自己的观后感。一部电影写 1 000 字左右的影评。若每个月写十部电影的影评，就会动脑思考十次。信息时代的优势就是，自己发表的感想一定会有人浏览；如果能得到善意的评价，就会越来越有动力。

我觉得，如果是电影爱好者，对最初的十部电影应该都坚持写观后感。写完十部电影的观后感后就会有小小的成就感，这种成就感会化为再写十部电影观后感的动力。

这样一来，电影观赏方式本身也会有所改变。看电影时就会有这样的想法："啊，关于那段必须写一下""就这部分也想写一下"。这种状态绝不是休闲娱乐时看电影消遣一下，而是深层次地赏析且深入思考。

我曾应邀参加电影的首映礼并发言，在这种场合需要比平时更认真地观看电影、更深入地思考。养成边看电影边思考的习惯后，写观后感也就不再觉得痛苦。

即便如此，也还是觉得写文章很烦的话，我推荐最后一个法宝。

观看电影时，先选出自己认为经典的片段，看完后从中选出最经典的三个片段，这三个片段最好一个是开场部分的、一个是高潮部分的、一个是结局部分的。从选好的三个经典片段开始写，稍加评论就是一篇观后感。

以“超级搜索力”深化知识

下面，我们谈谈写作时如何活用互联网。

互联网是创意之源，是百科知识宝库。只要能巧妙地活用互联网，将知识进行组合，就能提出新创意。

我把与输出相关的互联网检索称为“超级搜索”。所谓超级搜索，就是针对某一主题连续进行 5 次甚至 10 次检索，不断深化学习知识的方法。

简言之，超级搜索就是“在网上多查找相关信息”。但这么说没有新意，所以我就坚持使用了“培养超级搜索力”这种表述。

大学课堂上，我会让学生们就某一个关键词上网搜索 5 分钟，看看能查出多少信息。

四人一组相互配合，分头用智能手机反复检索。大家各自查完后将信息汇总并在课堂上呈现，小组之间的检索结果有时会有很大的差距。

这样做可能会意外地发现，自己以前没有充分利用网络的搜索功能；整天从早到晚玩手机，却没有意识到手机也是思考的工具，忽略了手机的搜索功能。

要问我为什么能够发现人们没有重视手机的搜索功能，是因为我曾多次在参加电视节目和书稿审定时指出其中的错误信息。

明明上网检索四五次就会发现这些信息不正确，但有些人仍然理所当然地传递显而易见的错误信息，最后经常是我自己上网把所有信息重新查了一遍。

网上的信息虽说真伪难辨，但只要多查查就能整理出相对精准的内容。比如网上有人说，拿破仑有句名言是“我的字典里没有‘不可能’这三个字”。其实，《拿破仑经典语录》中并没有这句话。

再如，“世上最幸福的事情莫过于有一份可从事一生的工作”这句话作为福泽谕吉的名言广为流传，但《福泽谕吉全集》中也没有这句话。

假信息一传十、十传百，不知不觉就变成真的。这样的假信息多上网查查就能发现破绽。

各位今后要多查证并传播真实准确的信息。并且，我们还需要具备“超级搜索力”这种最基础的思考力。

不断思考的人总会有新发现

思考的时间不断增加，生活中的新发现也会不断增加。只要把自己的新发现以口述或文字的形式告诉大家，思考力就会提升，也就会激发新的创意。

比如，参加研讨会或学习会后的感想只是“受益匪浅”“很多内容值得参考”，这就说明参与者的思考力有所欠缺。

如果认真思考的话，应该会有更多发现，也应该能写出有见地的报告。认真思考的人听一个小时的研讨会，把自己想到的点一个一个详细列出来，可以写 10 页纸。

文学家十分擅长以平平常常的经历为素材，接连不断地描写自己所意识到的点。

太宰治有一部短篇小说《佐渡》，这篇小说就是以作家特有的文笔叙述了主人公游佐渡岛时平淡无奇的经历以及在岛上看到的种种风景。

这篇小说简单概括就是：“一开始就知道佐渡什么也没有，但还是去了。去了之后发现果然什么都没有。”

就是这么一个普通人只能说一句“什么也没有”的地方，太宰治以细腻的文笔写出了好多的新发现：

> 船驶出新潟，马上就能看到一个小岛，好像那个小岛就是佐渡岛，船不知为什么没有驶向那个岛而是驶向别处。可是，从地图上看，新潟附近只有一个岛屿，所以那里一定是佐渡岛。我脑中有些混乱，想找个人问问“那个岛叫什么”，但如果真的是佐渡岛，人家一定会认为我是个“怪人”，所以想问也没法问。
>
> 船驶过那座岛。看到大陆，我不禁问道：“那个岛真大，究竟是什么地方？”有人告诉我，那个岛就是佐渡岛。佐渡岛好像把“工”字横过来，最初看到的是群山，大的平原在山后，看起来像是两个岛。

把这种些许的不安和新发现写成文字，小说就有了亮点。只是环游佐渡岛就能写出如此妙趣横生的文章，正是因为太宰治思考力强、文笔细腻。

思考力强的人总是能在日常生活中有新的发现。因此，思考力强的人所写的文章中也会有很多新发现。

能够把平淡无奇的日常写得妙趣横生，就说明思考力确实提升了。另外，提升思考力的最佳捷径是对思考上瘾。

第5章

孕育新创意的思考力

热销产品的背后定有思考上瘾之人

经济学家彼得·德鲁克是现代管理学的开创者，被尊为“经营之神”。德鲁克将销售与市场营销进行了对比阐述。

销售简单说来就是如何将某种已开发出的产品卖出去的措施。而与之相对，市场营销是指在产品还未开发的阶段去了解消费者需求的一系列举措。

德鲁克在其著作中指出：“最为理想的市场营销是不再需要销售。”营销需使产品能够自行售罄。

正如德鲁克所预测的那样，现代企业重视的不是销售而是营销。比如，在日本，到 20 世纪 80 年代前半叶，麒麟啤酒销售额在啤酒界一直居首位，排在其后的是札幌啤酒和朝日啤酒。朝日啤酒一度对业界第三的位置非常满意。

但是，朝日啤酒公司于 1987 年大力投资的朝日超级干啤大受欢迎，令人刮目相看。它一气呵成完成大逆转，最终登上了业界老大的宝座。

这种改写啤酒行业版图的巨大成功是如何取得的呢?

实际上，是因为公司进行了大规模的喜好调查，在了解消费者口味的过程中发现，消费者对清爽且糖分低的啤酒需求更大。

当市场调研人员把消费者的这种需求转告给技术人员时，技术人员毅然决然地说“那样会破坏啤酒的味道”。但最终为了生产出消费者需要的啤酒，技术人员也开始着手进行技术研发，最终开发出超级干啤。这必定是朝日啤酒公司产品开发负责人日夜思考的结果——他想要开发出能够满足消费者需求的啤酒。

畅销产品的背后一定有很多思考。不是止步于“做出令自己满意的产品”，而是用心思考并不断摸索如何做出畅销产品，即让客户真正满意的产品，这是最为关键的一点。

看报纸时，我会觉得以前那种满篇小字、信息量大的报纸比较好，而现如今这种报纸却成了大问题。

报纸的开本和页数是固定不变的，所以如果文字变大，整体的信息量应该就会减少。总而言之，比起“信息量”，读者更重视“易读”。为了满足读者的需求，报纸上的字号变大了。综上所述，读者的想法会随时代的变化而不断改变，需要我们用心思考，制定正确的方案。

欲轻松须思考

至今为止，我写了将近 800 本书，将自己脑中的各种想法、创意以文字的形式记录下来。说到这里，大家会认为我是在自我炫耀，但这些都缘于我怕麻烦且追求完美的性格。好不容易想到一个策划方案，如果不一气呵成写下来，就太可惜了，思考的功夫就白费了。想到如果现在不马上写出来，“之后还是要写”，就会觉得太麻烦了，索性想到什么就把它记录下来。

回想一下，因为“想省时省力”，我一直在努力思考生活及工作的各种具体方式。

比如，蒸桑拿脱衣服时，我会把背心、衬衫、毛衣里外三件同时脱掉。只要解开衬衫上面的两个扣子，就能一下子全脱掉了。裤子、袜子也会一起脱下来。只要用大拇指勾住裤腿，同时拽下袜子，先脱右腿，再脱左腿，两下就能把裤子和袜子同时脱下来。

曾经有人看完我脱衣服之后说：“你真是动如脱兔啊!”这个点评实在是太经典了。

我无法理解为什么非要一件一件地脱，费时费力。我总是会想，“明明里外的衣服可以同时脱下来”。我因为一心想要省时省力，就想出了这种脱衣服的方法。

小学时大家都要背的“乘法口诀”，我也只记了一半。因为我觉得“4×7＝28”和“7×4＝28”是一样的，所以只要记住一个就可以了。不知道为什么有人能脱口说出“3×8＝24”“4×7＝28”，却不能脱口说出“8×3＝24”“7×4＝28”。小学时很多人也是全都背了，但当时我就在想“明明只记一半就可以了”。

另外，我觉得乘法口诀表的第一列也毫无意义。第九列也只有“9×9＝81”。我坚信，即使乘法口诀表中没有这两列，在日常生活中也很少会算错，甚至永远不会算错，所以这两列完全可以去掉。

为了能“省时省力”而不断开动脑筋这个习惯，定会带来许多提升效率的创意，是非常好的训练。为了省时省力，人们就会不断思考。

因此，几项工作需要大家共同完成时，这样的想法瞬间就会冒出："这项工作大家一起做会比较快。""这项工作不需要两个人，一个人就能轻松搞定。"

现今企业呼吁进行"工作方式改革"，推出减少无效工作时间、减少加班时间等相关措施。减少无效工作时间虽好，但现实情况却是，在减少工作时间的同时也裁减了员工，每个人的负担反而增大了。这并非真正意义上的改革。

实际上，"只要工作量较少，就会更轻松"。

如果朝着这个目标努力，就能提出新的创意。

汽车和洗碗机的发明原本也是源于"省时省力"这个需求。

活用这个原理是创意的根本。

将简单枯燥的工作趣味化

仔细观察我们周围就会发现，"将枯燥之事趣味化"的产品和服务十分受消费者欢迎。

比如，很多人都明白“为了健康要坚持运动”，但又很难落实到行动上。

任天堂面向上述人士开发的游戏《健身环大冒险》人气爆棚。这款游戏需要人佩戴仪器，人体动作会和画面中的人物角色联动，让人在虚幻的世界冒险的同时也能健身。

我身边的一些学生购买了这款游戏软件，我与他们一起挑战了一下这款健身游戏。在游戏中能够心情愉悦地进行运动，不得不说这是一款令人拍手称赞的产品。

即使是持续做一段时间就会厌烦的单调动作，一旦设计成游戏，人也能开心地坚持做下去，游戏闯关成功时也会获得成就感。

坚持“将枯燥之事趣味化”这个宗旨，有助于在日常的工作及生活中竭力思考并提出新创意。

比如，“如果单位办公椅的舒适度提升了，可能就不再觉得工作枯燥乏味了”。人们想到这一点，就会下功夫调整坐垫的厚度和硬度。或者，人们思考并尝试提升敲键盘打字的速度。这样不断摸索，可以提升思考层次。

早年刚有打字机时，我就抢先购入，是第一批打字机的使用者。当年因为还在读研究生，时间比较充裕，每天近 10

个小时都在敲键盘。我最初完全因为其方便快捷而折服，不久之后颈椎和肩膀就感到酸痛了。于是，我就开始琢磨：“有没有什么方法能缓解打字时的疲劳?”

我做了各种尝试、摸索。有一天，我偶然拉开抽屉时突然想到，把胳膊放在拉开的抽屉上可以减轻肩膀和颈椎的负担。

能够舒适地敲键盘打字后，脑海中勾勒出的人物对话都以印刷字的形式呈现出来了。记得在想到这个好办法之前，我曾因为打字过多肩酸背痛，一度回归原始的记录方式——手写。

言归正传，关于单调枯燥的琐事，我的思考目标一直都是：“怎样才能愉快地完成这些呢?”工作并非都是创造性的。细想一下，就连大学老师这个职业，其中的单调工作也占比非常大。为此，我会自己做好规划，比如“周一处理事务性工作”，而且会留心观察周一那天解决烦琐之事的效率有多高。

消耗最少的体能，高效完成非创造性工作，就能从中获得快感。

假设需要完成这样一项工作，即“从一些信封中取出大量的资料，装入其他信封并写好地址，一封一封寄出去”。这时，如果能与一同工作的伙伴进行“分工”讨论，各自提出自己的意见并制订好具体计划，再着手开始做，就能快速完成任务，也能从中感受到快乐，不再觉得单调枯燥。

雕刻家佐藤忠良等一流艺术家也曾说过，艺术创作中最重要的与其说是原创力，不如说是创作过程。揣摩如何高效且轻松地完成创作，将决定作品是否有新意。

能否简单且彻底地进行思考

我们平时不经意间使用的各种产品和服务充满各种创意，平时没有留心注意的话，通常是不会发现这些内在创意的。但只要我们逐一剖析产品和服务，就能从中看出开发人员的思考层次。

若想拿出非凡的创意，首先要坚持思考，知晓提出创意所需的思维深度。这一点非常重要。

我本人特别关注的是设计简单的产品与服务，因为将思考凝结之后往往都是质朴之物。

最有代表性的就是苹果手机。众所周知，苹果手机功能多样，但操作非常简单。

在《简单致胜：看明智的领导者如何化繁为简》一书中，苹果公司前创意总监肯·西格尔详细介绍了史蒂夫·乔布斯坚持将苹果手机的按键简化为一个主键的原委。

在苹果手机诞生之前，手机都有很多按键。按键多代表功能多，只要操作习惯确实很方便。

但乔布斯追求的是一个按键的简约。无论是什么样的操作，只要按主键就能回到主页面的设计给使用者带来了无与伦比的简便和安心。对于潜心参禅悟道的乔布斯来说，简约就如同教义一样。

“为何不能更简约一些呢?”

“如何才能简约一些呢?”

不断提出这样的问题，苹果公司的员工们才会不断尝试只有一个按键的智能手机。

另外，“简约”终究是抽象的概念，将其作为具体的创意有形化这一过程是不可或缺的。

思考总体来说更容易抽象化，因此在具体化、有形化的过程中需要用心思考。在具象和抽象之间不断往复思考，就能把划时代的创意转化为实际的产品和服务。

应乔布斯“简约到极致”这个抽象“订单”的要求，iPhone 这款改变世界的具体产品问世了，与此同时，也让世人知晓了苹果公司的强大。

再如，当年索尼公司研发的便携式音频播放器——“随身听”，也是将“随身携带播放音乐”这个抽象创意有形化，因此红极一时。

众所周知，“随身听”源于索尼的创始人之一井深大的创意。当然，通过肩扛收录机也能实现物理意义上的“随身携带播放音乐”。但如何才能更为便捷、更为时尚地将“随身携带播放音乐”有形化呢？研究人员不断追求这个目标，最终研发出摒弃录音功能、只保留立体声播放功能的音频播放器。

思考的结晶即理念

关于将抽象思维转为具象思维的方法，我推荐的是思考“理念”。

职业棒球队经常会在锦标赛开赛时公布整个赛季的口号。

同样，日本青山学院大学田径队的原晋教练每年在箱根驿传（长跑接力赛）即将开赛前都会公布一个名为“××大作战”的口号。其于2020年1月的箱根驿传提出的口号是“再创佳绩大作战”，青山学院队最终夺得冠军。

此外，我至今记忆犹新的是，2019年橄榄球世界杯上日本队的口号“ONE TEAM”。

在日本队首次跻身八强的同时，这个口号成为脍炙人口的佳句，并成为当年的流行语。

假如不是“ONE TEAM”，而是其他的口号，也许日本队也能团结一心奋力拼搏，但日后细细想来，除了“ONE TEAM”也别无他选。

这类口号就是一种理念。

工作中也是如此。启动某个新项目或提出新方案时，以方向性为理念，并提出相应的口号，往往就会进展顺利。

我曾读过关于日本橄榄球协会现任副会长清宫克幸在早稻田大学橄榄球部做教练时的采访报道，他在采访中说：“每次想口号都要花费很多精力。”

口号是所有参与者的精神指引，必须简洁且具体。选出最恰当的表达应该相当费神。

将“齐心协力、共创佳绩”作为工作中的团队理念虽说也可以，但听起来似乎更像心理准备而非理念。如果想要表达得更有特色一些，就应开始深入思考。综上所述，通过语言表达将理念有形化有助于培养思考习惯。

偏见与常识会摧毁思考

在提出创意的过程中，最大的障碍是偏见、常识等先入之见。诸如构思单一、提出的创意全无新意、思想守旧之人大多有一个共通点——“以先入之见审视事物”。

“会议就应该在会议室举行。”固守这种想法的人，陷入僵局时很难转换思路。这种时候，我一般会先到外面溜达一圈，返回会场后会提议变换模式，请与会者逐一发言，如此一来有助于拿出崭新的创意。

前文我们说过，在索尼公司开发出“随身听”之前，听音乐需要大的设备，且通常不好随身携带，这是大家公认的。如果始终固守这个常识，就不会有“随身携带播放音乐”这个变革性创意。

想要突破偏见和常识的束缚，需要暂且把平时的视角收入大脑深处，之后再取出。“苹果真的是红色的吗？”“月亮真的是圆的吗？”对于我们身边的常识性认识，应该怀有类似的疑问。通过质疑，人们才会想要认真地审视对象。

这也是奥地利哲学家胡塞尔所提倡的现象学的方法论——对以先入之见看待事物的人提出建议：“只有摒弃先入之见，你的意识和构思才会清晰。”这就是现象学。

现象学兴盛一时，是因为人们容易受到先入之见的束缚。即便自以为客观地审视眼前的事物，但从严格意义上说，也并不准确且客观。

如果有人把苹果摆在你面前说“你给苹果画幅画吧”，有人会画成漫画那样的抽象画。这种情况也是没真正观察眼前的苹果，而是屈从于自己心中已有的苹果形象。

那么，如果有人对你说“请如实画出装冰水的玻璃杯”，就是我们平时经常看到的那种，我想大家都会仔细地观察杯子里的水和冰，很多人可能是第一次这样仔细观察。水和冰的颜色虽然大致相同，但我们从视觉上可以清楚分辨出它们的不同。而我们要想在画中体现出冰与水的不同，则必须细心观察冰微妙的质感。

如果画兑了水的威士忌，我们则需要思考如何画出威士忌溶入水中时产生的漩涡与色彩层次。

即便平时对“兑水的威士忌”非常熟悉，仔细观察也会有全新的认识。

抛开之前固有的认识，带着“这个东西本质是什么呢?”这样的疑问重新审视对象，思考就会从这一瞬间开启。

换言之，抛开偏见与固有的认识，细心观察、倾听与用心思考密不可分。

相互说出自己的想法、相互表扬

为了提升学生坚持思考、提出创意的能力，我有时会让他们做这样的练习，即四人一组，每人用 15 秒说出自己的想法、创意。一个班 40 人，一次只提问一位同学让其发言的话，其他 39 人很有可能在发呆。因此，课堂设计必须做到让全体同学都开口发言，这是最重要的。

我用秒表计时，四个人每人 15 秒，大家说完一轮正好 1 分钟，第一轮结束马上进入第二轮，试试能连续进行几轮。另外，还需注意规则，即不可重复别人说过的想法。

说到底，我的目的是让每位同学都能说出自己的想法。否则，每当讨论中让大家谈谈自己的想法时，就只是爱说话的人说个不停。需要注意的是，如果这个人所说的没有新意，那这个讨论时间就毫无意义。工作会议可能也是如此。

每个人逐一说出自己的想法，反复进行几轮之后，难度系数就会提升，这时才是锻炼思考力的最佳时机。把他人提出的创意稍做改动，就能不断提出新的创意。

在我的大学授课中，就“高效的教育方法”这一主题，大家轮流谈自己的意见，有一组同学曾创下 21 轮的纪录。通常 10 轮之后就会明显有智尽能索之感，对于在 45 秒之内提出一个想法也会感到困难。

一名学生有点力不从心，说：“我没有意见了。”暂且先跳过这位同学，让其他同学继续说。没想到再次轮到刚才那位同学时，他竟然又“复活”了，说出了新的想法。不愧是明治大学的学生，不屈不挠。

在这个训练中最重要的是开口说出自己的想法，就算不是最好的创意也没有关系。反复练习思考 45 秒，然后发表意见，不容许精神上有片刻的松懈，这样做效果非常好。

采取这种方式，讨论现场瞬间会变成高端的创意大会。推荐大家在工作中与几个同事一起挑战一下。比如，就“减少加班的对策”这一主题，几个人说说各自的想法，也许就能拿出崭新的改进方案。

此外，在团队中让大家更愿意说出自己的想法。有一种催化剂是，对已经说出自己想法的人赞赏有加。一旦有人自愿表达自己的想法，就要及时表扬，说“你的想法很棒！”这样一来，大家提出的创意会越来越多。

在工作中，年纪偏大的管理层往往很难提出创意。不仅如此，他们还会制造出一种莫名的严肃感，职场的整体氛围也会因此越发凝重。提不出什么创意的人，至少应该活跃一下现场的气氛。

对于提出创意的人来说，赞赏是最棒的奖励。唯有一部分天才是只要体验了思考的过程并提出了创意，就会感到心满意足。而对于普通人来说，思考会伴有压力。正因为如此，他们更需要表扬、认可。

这个道理也同样适用于小朋友。

“你刚才说的办法非常棒！”

“你这个想法是认真思考过的！”

“你确实开动脑筋用心思考了！”

如果能够对小朋友做出上述表扬，他们就会不断地动脑思考。

我有一次给鹿儿岛县的中学生讲爱因斯坦的引力波。讲解临近尾声时，我对在场的学生说："有谁可以编一个关于引力波的小品并到前面来表演一下？"我平时总是对明治大学的学生提出这样的要求。

当时，现场有近 1 000 名中学生。虽然我内心也觉得"这个要求对中学生来说有点过高"，但令我惊讶的是，有一男一女两位同学自告奋勇地走上了讲台。

两位同学在听我讲解之前完全不了解引力波，只是听完我的讲解之后，即兴创作了一个小品，但他们的表演让全场人捧腹大笑。那名女同学在台上全身像波浪一样起伏，以此全力演绎引力波，我也笑得眼泪都出来了。在场所有人用热烈的掌声赞赏了她的勇气、幽默及知性。我对这位鼓起勇气表达自己创意的同学赞赏有加，她也备受鼓舞。这进而也唤起了大家的思考热情，进入一个良性循环。

随手写写画画，思考就会加速

还有一个与分组轮流说出自己的创意近似的练习方式，即在笔记本或纸上列出 3 分钟能想到的所有创意，3 分钟后发表自己的创意。

每当出版社跟我说“希望您能给出书名”时，我经常会立即集中精力思考几分钟，然后在手机的备忘录里记下20多个题目并予以回复。

我们可以在纸上写出自己的想法，也可以用智能手机的备忘录做记录。后者更方便，并且能在回复时直接复制自己写出的想法及创意发给对方。

不论哪种方式，最重要的是把自己的想法及创意形成文字。众所周知，爱迪生、达·芬奇等伟大的发明家都是笔记狂人。

关于笔记的作用，数学家藤原正彦在随笔中这样写道：我总是随身携带便笺，随时把自己的思考记录下来。据说数学家基本都有这个习惯。

当然，如今很多工作都用电脑来做，但是随手写写画画，思考就会加速。影视剧中，我们都曾看过数学老师在黑板上写满数学算式，边写边讲解。而现实生活中的数学家也应该会在记事本上这样做。

我自己也向那些帅气的数学家学习，跟出版社的编辑闲谈时会在手边的纸上写写关键词或者画个示意图，有时还会自言自语：“不是那样。”“也不是这样。”在做记录的过程中，关于“书名备选方案”“构成”“版面设计”等，我在头脑中会形成一个大致的思路。这样，一份出版策划书的初稿就形成了。把 10 张、20 张手写记录一起交给编辑时，洽谈就结束了。之后，编辑将这些记录加以整理、润色，策划书就做好了。

综上所述，做笔记是输出思考的绝技，因此外出时需随身携带思考记录本或有利于你随手记录的卡片，也可使用智能手机的备忘录功能。

将看电影时、做按摩时想到的东西认真记录下来，这个想法不错。但在电影院里不方便使用手机，只能在黑暗中勉强手写好。待电影结束后，到光线好的地方再拿出来看时，半天才看清楚自己当时写的是什么。果然，在冒出想法的“瞬间”认真做好笔记非常重要。

冒出想法的一瞬间，如果不把它记录下来，马上就会忘掉，之后无论怎么努力都想不起来。

我出版过面向小学低年级学生的歌留多（纸牌），比如《斋藤孝的熟记谚语歌留多》《斋藤孝的熟记四字成语歌留多》。歌留多上所写的谚语和四字成语的例句用词不能超出小学低年级学生的学习范围。

最初，我给编辑一两张做好的纸牌并问他们："这样写如何?"编辑一个劲儿地打退堂鼓，说："这种我们写不出来。除了您，绝不可能有人能写出来。"因此，我自己写了所有纸牌上的例句。

实际上，我在开始思考纸牌上的内容时就知道，寻常的办法无论如何都是行不通的。需要根据小学生学习的字词，制作具体且有趣的纸牌。

尽管如此，大脑中关于纸牌内容的思考按键一旦开启，思考就停不下来。等电车时、就餐时、睡梦中，想法及创意都会源源不断地涌出。

编写小学一、二年级学生使用的纸牌时，我用两周的时间完成了纸牌上的240个例句。所有的闲暇时间都用来写有趣的例句。

因为纸牌上有插图，我会根据图片写例句。比如，关于"首"这个字，我写的例句是"辘轳首[①]伸长脖子，在背《百

① 日本的鸟居辘轳首是长颈妖怪的一种，其故事在日本的江户时代流传甚广，通常以女性的形象出现，特征是脖子可以伸缩自如，与在井边打水时控制汲水吊桶的辘轳把，在性质上颇为相似，故称为辘轳首。其跟中国的"飞头蛮"相似，但有不同。——译者注

人一首》"①。

我 24 小时思考这种例句并将其记在智能手机的备忘录中，俨然已是一个专写例句的匠人。思考一发而不可收，直到写完最后一个例句。这如同站在不按暂停键就永不停歇的跑步机上。

思考会带来快感。而对于手艺人来说，过程更加重要。思考、快感、过程，说起来就是一连串的行为和体验。

综上，只要有具体的思考素材并能制定明确的规则，就会像做游戏一样，接连不断地提出想法、创意。并且，只要想到绝佳的例句，就能获得些许快感。

如此看来，喜欢俳句②的人能在发展自己的爱好的同时动脑思考，因为俳句追求的是五、七、五共 17 个音的最佳组合，且需要在其中加入体现季节的表达。

让大学生来写俳句，即使是第一次写也能写出特别有诗意的俳句。他们还会说："写俳句很难，但我很开心。"以游戏的心态持续进行思考应该是令人快乐的。

---

① 日语中"首"有脖子和脑袋两个意思。——译者注

② 日本诗歌的一种，是世界上最短的诗歌体裁之一。——译者注

目标是提出有趣的创意

我通过学习《论语》认识到，人最需要具备的三项品质是“智、仁、勇”。“智”即知性、判断力，“仁”指的是体贴、真心，“勇”则是勇气、行动力。这在儒家思想中被称为“三达德”，是人人都应该具备的基本素养。

我以前一直认为人需要经常自问：我的判断没错吗？我诚实吗？我有行动力吗？这三项都具备，才是一个合格的人。

但是，最近我开始觉得，除了“智、仁、勇”这三点外，还需要一项重要素养。那它究竟是什么呢？答案是“诙谐幽默”。我认为，诙谐幽默是创造力发挥到极致的表现。其最终目的是，提出有趣的创意。

我在大学课堂上也总是追求诙谐幽默。在授课中，我会把逗笑学生排在首位，甚至公开对学生说：“没有爆笑的课堂不是真正的课堂。”换言之，我认为人必须具备的素养是“智、仁、勇、笑”。

当然，我让学生们以“笑”为目标，在我自己的课堂上也要“将干货知识讲得生动有趣”。

我曾经要求学生编“以《论语》为题材的小品”，让他们在读完《论语》之后根据所读内容编一个小品并上台表演。

切莫小看他们，认为他们是门外汉。明治大学的学生终归还是不一样，表演的小品水准相当高，超乎我的想象。

尝到甜头之后，我在课上要求他们就政治学原理、英语语法等各种内容创作小品并上台表演。

仅仅是准确理解知识、归纳总结并发言尚且需要思考力，若再加上诙谐幽默这个要求，就需要更高层次的思考。

比如，世界史教材上的“卡诺莎之辱”，就算我详细讲解也是晦涩、难懂的一堂课，学生的思考也随之停止。将其以小品的形式展现出来的话，必须要加入搞笑、新奇之类的要素。

“教皇的权威过高。”

“在雪中赤脚屈服于教皇。”

根据事件的要点，创作出知识性、趣味性兼具的小品需要相当高的思考力。

然而，学生们仍然会殚精竭虑地攻克这个难题。

有一次，我布置的任务是“创作一个关于历史人物的小品”，有位学生设计的场景是面试。

两位面试官边看简历边讨论这个历史人物。

“这个人太冷血了！”

“狂妄自大，看起来不像是会听从指挥。”

在介绍人物的同时自然地抖出包袱。

令我印象深刻的还有一次。那次，我布置的任务是“按照‘第三人称单数一般现在时加 s’这一主题创作小品”。我当时也觉得难度系数有点过高。

“第三人称单数一般现在时加 s”是初中一年级学生就需要掌握的基础英语语法。“I play tennis.”这句话的主语换为“He”的话，谓语动词“play”就需要加“s”，即：“He plays tennis.”表面看来简单、枯燥的知识，究竟如何将其设计成小品呢？大家都找不到头绪。但我相信明治大学的学生终究还是会完美地将其融入小品中。

果不其然，其中一组三位同学表演的小品是快递配送“第三人称单数”。设计的场景是：快递员最初去的是“Play 先生”家，他毫无疑问地签收了“s”。而接下来去的是“Go 女士”家，“Go 女士”以“没有 e”为由拒绝签收，将其退回到快递营业网点。最后去的是“Study 先生”家……

这个小品清楚地解释了英语语法知识，且生动形象、诙谐幽默，极具想象力，在场的所有人都不由得拍手称赞。

“诙谐幽默”这个要求难度系数比较高，但除此之外还有“引人入胜”这个办法，可以先从“引人入胜”开始。在高标准、严要求下进行思考，提出绝佳创意时也会获得无可比拟的成就感。

有弱点才有创造力

很多时候正是因为有了各种规则、限制条件才有趣。比如，足球比赛正是因为有守门员之外的人不许用手碰球这条规则，才会作为一项绚丽多彩的运动发展起来。硬性禁止使用日常生活中使用频度最高的双手，是足球这项运动最大的魅力。

《灌篮高手》《浪客行》等人气漫画的作者井上雄彦被问及“角色创作技巧”时，做出的回答是“让这个角色有弱点”。这个回答令我印象深刻，这也体现了限制条件的重要性。

弱点对于每个人来说都是一种限制。有弱点（限制），人物角色才会有魅力，故事也因此会妙趣横生。正因为如此，井上雄彦的创作特点是给人物角色强加弱点。除此之外，“没有预算”“预算有限”也是一种激发创造力的限制条件。“没有预算”通常被当成消极因素，但从另一个角度来理解，“没有预算”也会激发人们不断地去思考并实现“如何制作出优质产品”。

意大利电影导演罗伯托·罗西里尼在第二次世界大战期间，通过募捐筹集资金，用手头的相机在路上、实际的建筑物中进行外景拍摄，起用业余演员，通过这样的方式留下了《罗马，不设防的城市》这部电影史上的杰作。

最近也有一个类似的案例。预算仅有 300 万日元的电影《摄影机不要停！》在全日本公映，引起非常大的反响。

关于提升思考力，我给大家的建议是，在日常生活中设置禁止事项与限制条件，并将其游戏化。比如，从离家最近的车站回家，我会设置“不许右拐”这样一个限制条件。想要右拐时，就连续左拐三次，绕一个大圈儿。

或者，强行用左手来完成平时一直用右手来做的动作。平时用右手就能轻松完成的动作，换由左手来完成，我们一般会突然觉得异常困难。

我不是左撇子，但有段时间故意练习用左手吃饭。父亲责备我说："你要适可而止！用右手吃饭!"在爸爸的责骂声中，我仍坚持练习了大约一年。

强迫自己用左手拿筷子本身几乎毫无意义。但是，之前能够轻松完成的平常之事突然变难了，人就会开始思考方法，这一点意义非凡。

也许有人会觉得荒谬。但凡事都设定限制条件，我们会觉得跟游戏一样有趣。倘若养成了这样的习惯，我们在工作中受到各方约束和限制时也会觉得有趣，也能开始深入思考，寻求解决办法。

以截止日期来激发思考

截止日期也是一种限制条件。并且在激发思考方面，截止日期的效果是非凡的。

比如，工作中只要收到"一周之后提交策划方案"的指示，任何被通知人就都必须在截止日期前进行思考，并将自己的思考有形化。

尤其是没有截止日期的时候，或者有充裕的时间进行思考时，建议大家自己设定截止日期。还要注意的是，一定要自己设定且尽量是较为贴近的日期。

思考的最佳时机是针对相应主题开始进行思考的时候。这正是所谓的趁热打铁。如果最终的截止日期设为一个月之后，通常是最后的两三天坐立不安地进行思考，而之前的二十多天没有进行任何思考。思考停滞的这二十多天完全是浪费，没有任何意义。

因为难得确定一个主题并开始思考，所以我一般都在当天尽可能地思考更多，并在智能手机的备忘录上做好记录，或是总结成简短的文稿。

别人拜托我做什么事情时，我都会尽量当场做出回应，立刻思考并尽量予以详尽的回复。对方经常会十分惊讶地说："呀！这么快就好了?!"

我在前文中说过，我原本是一个极度怕麻烦的人，以前也是那种 8 月 31 日通宵完成暑假作业的学生。走向社会开始工作后，我依旧有这种拖延症，但出版一类的相关工作增多后，我逐渐开始觉得"不可以再这样拖延了"。

比如，为杂志撰稿，我大多是在年末（或是盂兰盆节、黄金周等长假之前）接到约稿请求，截止日期基本都是新年休假结束之后（或是盂兰盆节、黄金周等假期结束之后），如果七、八月份稿子赶到一起的话，长假的最后一天就会非常痛苦。最终，我意识到必须自己设定截止日期，分批完成。因此，我按照顺序，接到约稿请求马上就开始动笔，不只是坐在家里的电脑前从容不迫地写稿，外出时也尽量用智能手机的备忘录见缝插针地写稿，写完一段发送一段，如此反复。这样一来，我就会以一定的节奏持续思考。

村上春树和赤川次郎也在随笔中写道："始终坚持在出版社规定的截止日期之前提交稿件。"我在心中暗自钦佩：不愧是畅销书作家。

他们在自己设定截止日期之后，应该还会有持续进行高质量思考的方法。正因为如此，他们才能写出备受读者喜爱的畅销书。

限定时间，逐步思考

以更小的时间单位来设定截止时间与细分规定时间是相通的。我一直将咖啡厅作为"思考空间"的目的，既是想要创建一个让人容易思考的空间，也是在设定思考时间。

因为想要在有限的时间里得出思考成果，所以我就会集中精力构思、写稿。

著名漫画家佐佐木伦子的某部作品中有这样一个场景：编辑和漫画家坐在公园的长椅上，异口同声地说："一二三，一起思考!"短时间的思考之后，他们相互说出自己的想法、创意。

如果一次没有想出好的创意，就会说"再来一次"，再次进入短暂的思考。

这种将时间细分成一小段一小段进行思考的方法在提升注意力、激发创意方面非常有效。

为了将时间细分为一小段一小段，我在大学的课堂上经常使用秒表。

例如，我在课上会布置这样的任务："请每个小组用 1 分钟的时间思考出一个创意。"对于在 1 分钟内没有想出创意的人，我会进一步施压："没有想法等同于没有尽力去解决问题的意愿。""如果在入职面试中说不出自己的想法，就会被淘汰，无法进入下一轮面试。"在极短的时间里要求大家必须说出自己的想法，任何人都会集中精力、用心思考。反复进行这种训练，100 分钟的课程节奏就会非常快。

工作中的很多时候，也需要大家在规定的时间内说出自己的意见。

大家平时自己多做这样的思考训练，在关键的时候就能说出自己的创意。

没有分析就没有改善

进行思考的方法之一是分析。分析是想出新创意的过程中非常重要的一个环节。

比如，工作中出现什么问题时，只要弄清楚问题的原因，就能采取相应的对策。

2005 年，JR 西日本福知山线发生脱轨事故，造成 107 人死亡、563 人受伤。事故发生后，日本航空与铁路事故调查委员会对事故原因从各种角度展开了调查。

这起事故的直接原因是列车高速进入弯道，没有彻底拐入弯道，就此脱轨。但是，专家通过调查发现，发生事故的列车在事故前一站停车时因为开过站，晚点 1 分 20 秒发车。因此，人们怀疑是因为列车司机想要追回延误的时间，一时心急，超速驶入弯道，或者是因为没有及时踩刹车。

那么，司机为什么会那么着急呢？间接原因是来自 JR

西日本经营方面的压力——提高列车运行速度。

另外，调查显示，当年乘务人员出现失误时，公司会对他们进行所谓的日勤教育。这与其说是教育，倒不如说是不讲理的私刑。晚点几十秒的司机也需接受这种惩罚性指导。想要避免这种惩罚，司机在心理上就会极端恐惧列车延误。

JR 西日本在发生脱轨事故的现场修建了纪念馆。我去过这家纪念馆，这家纪念馆在祭奠、追悼事故罹难者的同时，也公开了事故相关的记录，诸如事故发生时的情况与救援情况，以及事故原因、事故反思等。

据说，其他铁路公司的工作人员也会到这家纪念馆针对事故进行学习。

综上所述，不是以“偶然的变故”“个人的失误”来解释一个事故，而是进行彻底分析，这是汲取事故教训的重要环节。

分析是将失误细分并进行周密研究的行为。细分之后按照时间线进行研究，重大问题也会因此迎刃而解。

换言之，分析是思考的根本。问题发生时是否会陷入思考停止状态或者能否汲取教训，都取决于是否具备分析力。

比较会促进思考

2006 年的热映影片《达・芬奇密码》是改编自美国作家丹・布朗同名小说的悬疑惊悚电影。所有的解密密码都藏在《蒙娜丽莎》《最后的晚餐》等达・芬奇的名作之中，需要对这些密码逐一进行破解。

“基督旁边的人看起来好像有秘密吧？”

“为什么这把刀放在这里呢？原因是什么呢？”

仅仅是一幅画，如果我们开动脑筋、用心思考的话，也会有 10 个、20 个甚至更多的发现。但通常情况下，我们即使欣赏更多的美术作品也不会思考那么多。

大家在美术馆欣赏一幅画，有多少时间用来思考呢？

“好漂亮的画！”

“这部作品与其他作品画风不同。”

“色彩调配很有趣。”

哪怕仅仅是想到这些，思考也不会马上停止。面对同一幅画，有人会一直站在那里，但我觉得不等于他一直在思考。

无法持续进行思考、无法提出创意时，方法之一就是比较。通过比较，我们可以更加轻松地认识事物。

比如，具体来说就是将米开朗琪罗的雕塑作品与其他雕塑家的作品进行对比，并列举出不同之处，同时思考米开朗琪罗作品的卓越之处。

这是连小朋友都能做到的极其初级的思考方式。我让小学一年级学生观察凡·高和皮埃尔·奥古斯特·雷诺阿的作品，并问他们："这两幅画有什么不同呢？"他们也能指出几个不同点。如果给他们看的是凡·高和毕加索的作品，则能说出更多的不同之处。能发现不同，就证明能够进行思考。

近代语言学之父、瑞士语言学家索绪尔认为，事物的意义源于差异。如果意义源于差异的话，找不到事物的意义时只需将其与其他事物进行对比研究。就算只有两条信息，对比一下就会有某种发现。

"这款产品与其他公司的产品有何不同呢？"

"我们的服务与大获成功的服务差距在哪里呢？"

从这些方面的对比出发，就能轻松开始思考、坚持思考。此外，按时间进行对比也是一种方式。

例如，将第一代 iPhone 与最新款的 iPhone 进行对比，并思考在哪些方面发生了变化、有什么样的改变。也许从这些改变中，我们可以获得能够应用于工作中的启发。

我们还可以在便利店将两款新产品进行对比，看看哪款的销路更好，并对其进行定点观察，验证自己的判断是否准确。我们可以据此思考：假如开发新产品，什么样的产品会更合适呢？这就是通过对比进行思考的成果。

在其他领域寻找受热捧元素

对比两个事物时，仅仅做出“A 比较好”“不，B 更好一些”这类评价的话，思考就会停止。在对比 A 和 B 的同时，要辩证地提出 C 创意。新的创意才是思考的结晶。

讨论类电视节目中，有时会出现这种情况：两位有识之士彼此主张自己的观点，互不妥协，讨论异常激烈。

这种激烈的讨论也许是出于追求娱乐效果，但我有时会觉得“明明可以进行更有建设性的思考，这太浪费时间了”。

固执地坚持己见、不肯妥协就等同于思维过于僵化。我们身边如果有这种“死脑筋”的话，就需要注意。

纵观历史我们会发现，对立与战争大多是因“仅此、唯一”这种主张上的冲突而起。宗教纷争是最有代表性的。

若想自己的思考真正出成果，最理想的应该是根据彼此的意见，化解矛盾，得出建设性结论。并且，如果两位有识之士在节目开始前或结束后各自讲述一下自己的思考方式是如何发生变化的，我觉得思考的成果就会非常明确。通过跟思考方式与自己完全不同的人进行讨论，提升思维的灵活度，这是最理想的。

回归正题，应用对比思考的方式可以“在看似完全不同的事物中找到相似之处”。

据说轻型喷气式飞机“本田公务机”机头部分的灵感来自菲拉格慕的高跟鞋。

有位学生在研究《源氏物语》时，将《源氏物语》中出场人物的自我意识与陀思妥耶夫斯基作品中的人物进行对比，找到他们的共通点并发表了论文。

通过训练，将两个完全不同的事物进行关联的思维模式也会随之开启。比如，开创“控制论”这个新领域的数学家维纳主张将生物、机械控制、通信这三个方面统一起来进行研究。简单来说，就是将动物的存在方式与社会体系进行关联，这正是将完全不同领域的概念进行关联思考的代表性例子。

在工作中，对比毫无关联的两个领域的人气产品或服务，从中找出共通点，可能很有趣。

相反，大家都认为相似的两种事物，当发现它们细微的不同之处时也会激发思考。

比如“看到蓝色”时，仔细观察一下会发现，“蓝色”可以细分成好几种。同理，“会员优惠”“多买优惠”初看是非常相似的促销手段，但区别在哪儿呢？仔细分析一下，我们就能找到它们各自的优缺点。

同样是“削减连续工作时间”和“改革工作方式”，仔细对比 A 公司与 B 公司的具体措施，也许就会发现二者在目标的方向性及内容上有非常大的差别。

“看似完全不同，实则有相似之处。”

“好像非常相似，细看发现完全不同。”

具备对比思考的思维模式，思绪会无限驰骋。

我甚至认为，通过对比思考，可以思考所有事物。

诺贝尔奖获得者告诉我们要重组思维

以某种材料为基础进行重组，并添加其他要素，会带来变革性输出。这种方法称为“重组思维”。

2002年诺贝尔化学奖获得者田中耕一是就职于岛津制作所的一位公司职员，当时因作为上班族的励志典范备受瞩目。

田中耕一获奖时43岁，应该是较年轻的诺贝尔奖获得者。

田中耕一说过，自己年纪轻轻就获得这份殊荣，可以说倍感压力，曾每天自问：“我配得上诺贝尔奖吗?”一般来说，人们获得诺贝尔奖之后，即使欣喜若狂也不奇怪。我们从这段小插曲可以看出田中耕一的人品。

而且更令人钦佩的是，田中耕一为了再次证明自己真正配得上诺贝尔奖，提出新的目标并为之努力。

他潜心研究的是以蛋白质分析技术为基础，“仅凭一滴血就能在早期诊断出疾病”这个难题。

他不断研究、反复试验，最终从血样中成功提取出β-淀粉样蛋白标志物。β-淀粉样蛋白标志物是与阿尔茨海默病密切相关的物质，一直以来都被认为无法单独提取。田中耕一的成功震惊了世界。

另外，在实验过程中，他还提取出另一种蛋白质。实际上，之后的科学发展证实了这种未知的蛋白质会提升阿尔茨海默病的发病率。

田中耕一团队的研究使得阿尔茨海默病在患者发病的30年之前就能诊断出来。田中耕一再次作为世界级的研究者回到人们的视野中。

关于创新，田中耕一做了如下阐述：

> “创新”在日语语境下原本就是“新结合”“新的理解方式”“新解读”。各个领域的人聚在一起，进行新结合、新解读，应该就是创新。某些想法即使在这个领域被认为是失败的，换到其他领域也许就是了不起的大发现。如果可以更为灵活、宽泛地解读，我认为进行创新非常容易。但实际进行创新的人也不会仅仅是复制粘贴，破坏自己的形象。我想对这些人说：思考时再轻松点，你会发现创新非常简单。（摘自：NHK电视台专题纪录片）

我对他这段话的解读就是“重组思维完全可以带来创新”。

由此看来，世界上很多创新性发明源于重组。例如，“照片”与“贴纸”很久之前就有，但把二者结合在一起的“大头贴”却作为划时代的发明大受欢迎。仅仅把两种事物组合在一起，就可能创造出改变世界的价值。我觉得我们不应自卑地说“我只是进行了重组”，而应大胆追求重组；不是“重组也可以”，而是“最好是重组”。

改编原有信息并进行思考

无论多么伟大的输出，都是源于“老素材”。

比如，风靡全世界的电影《星球大战》最为重要的灵感就来自《千面英雄》这本书。这本书分析了神话故事的基本构成：概括来说就是，英雄千姿百态，但原型基本相似。

好莱坞将黑泽明导演的《七武士》进行改编，拍摄了《豪勇七蛟龙》这部电影。有趣的是，黑泽明本人也以莎士比亚的戏剧作品《麦克白》为素材拍摄了《蜘蛛巢城》。

《蜘蛛巢城》讲述的是日本武将的故事，故事情节虽与《麦克白》十分相似，但也是原创作品。

顺带提一句，以《罗密欧与朱丽叶》《哈姆雷特》等莎士比亚作品为素材进行改编的艺术作品，古今中外都不乏其数。

大获成功的作品大抵都是基于老素材。以古典作品、经典产品、大众服务为素材进行改编就是创意构思的基本方法之一。

大受欢迎的漫画《鬼灭之刃》（我也买了全套）的基本内

容就是“击退妖魔”。它可以说是在手冢治虫的《多罗罗》的情节上附加了变成鬼的原委始末等原创内容——简言之，就是新版的击退妖魔的故事。

在没有任何素材的情况下进行构思的难度系数非常高，只要有素材，就能激发自己思考，从而接二连三地萌生出各种创意。

在企业中，“将以前的热销产品改成现代风格的话，会是什么样的新产品呢?”这种讨论是非常有意义的。但这时也要限定时间，“大家请各自思考10分钟并发表自己的想法、意见”。这样一来，思考力就会大幅提升。

应用函数提出创意

我认为将各种事物进行组合，提出创意的方法也是在应用函数。而且我认为在学到的数学知识中，函数是在日常生活中使用得最多的。我还记得我在中学的数学课上曾激动地说“这是划时代的思考方法”。

函数用“$y=f(x)$”来表示，f 代表运算法则，根据 x 的值可以推导出 y 的值。在思考新创意时，可以活用“某一项，通过一定的变换，就会产生某种新东西”这个原则。

为了更清楚易懂，假设 f 是“厢式化”，x 是“KTV”，就能推导出厢式化（KTV）＝KTV 包厢。

我二十几岁时，说到“K 歌”一般都是在快餐厅里或者旅游巴士上。这两个地方都需要当着陌生人的面唱歌。当时，去“K 歌”的人很多，连续听陌生人唱歌有时会让人觉得有些无聊。

但是，可以与家人、朋友一起“K 歌”，还可以一个人“K 歌”的 KTV 包厢问世之后，“K 歌”一下子融入普通人的日常生活中。KTV 包厢是一项创新发明。

借用这个思路，我们将某种东西厢式化并进行思考。x 如果是“居酒屋”，y 就是居酒屋包间。x 是棒球场地的话，y 就是棒球馆。无论是哪个创意，现在都已在我们的生活中随处可见。

有一次，我请大家就厢式化公式进行思考，没想到有人说：“x 是宇宙，y 是天文馆如何？”我觉得这个人想象力太丰富了！用这种厢式化思维重新观察我们身边的事物，脑海中就会不断浮现出“投币式寄存柜”“漫画吧”等成功案例。

说到“运用这个厢式化公式思考新的商机”，很多人会提出有趣的创意。寿命长的电视节目大多都是 f 这个环节做得特别好，无论什么样的人参演都会有趣。

我参加的综艺节目《全力！脱力时间》就是一个典型代表。这档节目以主持人有田哲平为首，参演嘉宾会提前看脚本。但每次担当吐槽者的搞笑艺人确实什么都不知道，现场对参演嘉宾的滑稽言行一一吐槽，非常有趣。

在既有事物中找到 f，活用 f，改换 x，这可以说是一旦掌握就会终身受益的基础思维模式。

凭借“假如”这种设想不断进行思考

从其他视角进行全新构思时，运用“假如”也是一种方法。放飞自我，试想一下：“假如这个从世上消失，会如何呢?”“假如生活中有了这种事物，生活会有什么改变呢?”

“假如能降落到月球上，我会做些什么呢?”

“假如我变成深海鱼，能看到什么样的风景呢?”

可以试想一下假如自己去了其他世界会如何，也可以尝试改变已有的故事情节，比如“假如这部小说的主人公不是大人而是小孩，会是什么情况呢?”“假如这部电视剧的背景设定不是证券公司而是小工厂，会怎样呢?”

仅改变一个设定，故事就完全变了。由此可见，只要想象力丰富，创新力就会提升，就能一直坚持思考。

青柳碧人的《很久很久以前，在某一个地方……》是将民间故事改编成推理小说。受其启发，我也曾要求大学生们以“××如果是杀人事件的话”为题，发表自己的创意。

我至今仍然记得艺人武井壮刚开始在电视上露面时，以“假如”这个独特的段子赢得了很多粉丝。

武井壮最初的介绍是“百兽之王”。说到“百兽之王”，绝大多数人会想到狮子，而自称百兽之王，这也体现了武井壮的别具一格。

比如，假如与长颈鹿搏斗，他首先会跑到长颈鹿的背后，跳到长颈鹿背上，按住长颈鹿脖子上的穴位，这样就会使长颈鹿的血压下降，就地倒下。假如与狮子搏斗，为了不被狮子咬住脑袋，故意让狮子咬住自己的右手腕，手臂用力地堵住狮子的利牙，用拳头猛击狮子的鼻子，将其击倒。

将这些写成文字，我都会忍俊不禁；若是加上实际动作表演出来，就更搞笑了。而凭借这些表演，他一举成为备受关注的人气艺人。

从“假如……”开始思考，即使手边没有什么素材，一个人也能持续进行思考。

就算是不现实的设想，能够持续思考也是重要的一环。坚持思考的人一定能想出某种办法，因此在现实生活中也能拿出成果。设想的力量不容小觑。

设想即想象，想象即思考。

后　记

本书从各个角度浅谈了对思考上瘾的看法，但我最想告诉各位读者的是“享受思考”的重要性。

工作中“只做分派给你的任务”，有人要求你说说自己的想法、创意，才会极不情愿地进行思考，这些绝对不是令人开心的工作方式。

没人要求时也要自主进行思考，接连不断地提出想法、创意，越多越好，这样工作起来才会更开心。

我身边的成功人士都在不断思考。哪怕只是简单对话，他们也会不断地提出自己的想法，诸如“这样做比较好”“这样做的挑战如何”……并且，大家在坚持思考并提出自己的想法时无一例外都是非常开心且活力四射的。

因新冠肺炎离世的志村健说过，自己一直坚持思考如何做到幽默搞笑，因为是在做自己喜欢的事情，所以丝毫不觉得辛苦。

坚持思考甚至思考上瘾，是身心永葆青春的最佳方法。坚持思考的人说话、行动时的反应速度都非常快，无论形象还是思维都充满活力。

只要坚持思考，人生就会充实，虽然生理上会逐渐衰老，头脑却一定会永葆青春。

衷心地希望大家在工作与生活中都能心情愉悦、青春永驻！